Deutscher Spurbuchverlag

Gabriel Plattner

Dr. phil., Diplompsychologe, Experte im Yoga. Während 15 Jahren Inhaber und Leiter des Institutes für Angewandte Psychologie in Basel. Langjährige Tätigkeit als Akupunkteur/Naturarzt (Mitglied Naturärzte-Vereinigung der Schweiz). Studien bei Exponenten des Yoga in Europa und Weisen in Indien, Indienaufenthalt. Gründung des Institutes für Yoga und Meditation 1969 in Graubünden/ Schweiz. Internationale Tätigkeit, Kurse, Seminare, Publikationen und Fernsehsendungen über Yoga und Meditation.

Gabriel Plattner

Meditation

Deutscher Spurbuchverlag

Die Deutsche Bibliothek - CIP-Einheitsaufnahme

Plattner, Gabriel:
Meditation. Der innere Weg des Menschen. / Gabriel Plattner.
[Fotos: G. Plattner]. - Ungekürzte Ausg., 1. Aufl. - Baunach : Dt.
Spurbuchverl., 1997
ISBN 3-88778-203-8

Ungekürzte Ausgabe
1. Auflage, April 1997

Postfach 20, 96148 Baunach. ISBN 3-88778-203-8
Gedruckt auf chlorfrei gebleichtem Papier

Fotos: Gabriel Plattner
Titelentwurf: Gabriel Plattner

Gabriel Plattner

Meditation

Der innere Weg des Menschen

Inhalt

Dank

DANK dem guru Swami Nityananda Saraswati für Lehre, Führung und Einweihung in den Höheren Yoga. Dank Swami Rama aus Kanpur für die Vermittlung tiefer Erkenntnisse. Dank Swami Satchidananda, heute in den USA niedergelassen, für die seinerzeitige Einweihung meines Yogainstitutes in Chur. Dank Maharishi Mahesh Yogi, damals nahe Rishikesh residierend, für das Gespräch über Transzendentale Meditation.

Dank an seine Heiligkeit, Tenzin Gyatsho, den XIV. Dalai Lama von Tibet für die Audienz in seiner indischen Residenz in Dharamsala. Dank an Rato Rimpoché, den großen Lehrer des Dalai Lama, für die Tage der Belehrung in Dharamsala.

****

Zu danken habe ich meiner Frau Ursula für die Gemeinsamkeiten auf dem Weg. Sie hat Wesentliches in das Buch eingebracht und zahlreiche Texte überarbeitet.

Mein Dank geht ferner an Lehrer und Menschen von denen ich bewußt oder unbewußt Erkenntnisse übernehmen durfte. Zu diesem Kreis zähle ich auch die vielen Teilnehmenden an meinen Kursen und Seminaren im In- und Ausland. Ihre Anwesenheit hat zur Verdichtung meiner Erfahrungen geführt und es möglich gemacht, sie in diesem Buch niederzuschreiben. Es war auch die mentale Präsenz Gleichgesinnter in den vielen Stunden der Meditation und von Gesprächen, die über Jahrzehnte einen spirituellen Reichtum wachsen ließ, der uns verbindet und den Weg mit Zuversicht gehen läßt. Barbara Müller hat redaktionell an diesem Buch mitgearbeitet, wofür ich, last but not least, zu danken habe.

Gabriel Plattner

Vorwort

Liebe Leserin, lieber Leser.

Dieses Buch führt mitten durch den Alltag. Es führt auch über das Alltägliche hinaus. Aus diesem Grunde gleicht der aufgezeichnete Weg dem äußeren und dem inneren Lauf des Lebens, einer zweifachen Biografie. Das ist der Grund, warum auch Sie irgendwo und irgendwann in den Kapiteln dieses Buches sich selbst begegnen werden, falls Sie sich damit auseinandersetzen. Ihrem persönlichen Weg entsprechend werden Sie einen Einstieg finden, der zu Ihnen paßt, ob Sie das Buch einfach durchlesen, es gründlich durcharbeiten oder gar bestimmte Übungen in Ihren Tageslauf übernehmen werden. Es kann sein, daß Sie sich noch nie mit Ihrem inneren Weg befaßt haben, es ist aber auch möglich, daß Sie bereits bewußt auf dem inneren Weg sind.

Auf dem geistigen Weg gibt es Unsagbares. Da dürfen wir nicht ohne Führung stehen bleiben, uns vielmehr an den Rat Erfahrener halten, denen wir in diesem Buch begegnen werden. Sie werden sicherlich an manchen Stellen, wo Worte nicht hinreichen etwas auszusagen, zwischen den Zeilen oder zwischen den Worten das Wesentliche suchen und finden. Ich empfehle Ihnen hin und wieder das Buch wegzulegen, die Augen zu schließen und in die Stille des Herzens hineinzuhorchen. Was Sie dort vernehmen, dem dürfen Sie sich anvertrauen und die innere Erkenntnis in Ihr Leben einbeziehen.

Meditation führt zur Erfahrung des SELBST. Sie ist Selbsterfahrung. Auf diesem Weg ist der Mensch sich Grenze wie auch grenzenlose Möglichkeit, die er sich setzt. Ich halte es für unangebracht, Meditierenden auf den Weg Suggestionen und Begriffsdefinitionen zu vermitteln, die möglicherweise enger sind, als sie in der traditionellen Lehre vorkommen. Jede verbale und intellektuelle Erklärung über das sehr oft Unsagbare, kann das innere Erlebnis einer Meditation in einer Weise beeinflussen, die dem Menschen nicht persönlich entspricht. Was des Menschen Seele wirklich ist, was sein Bewußtsein und seine Identität bedeuten, das wird er in sich selbst und nie durch Worte erfahren. Wie Meditierende ihre Geistigkeit erleben, wie sie mit transzendentalen Erfahrungen umgehen und das Göttliche erkennen, das entspringt ihrer höchstpersönlichen Innerlichkeit, es wird ihr ureigenes Mysterium sein und bleiben.

Seinen Lebenslauf niederzuschreiben bedeutet nichts Ungewöhnliches. Er wird zu einem Bericht mit Daten und Fakten, die den äußeren Lauf eines Lebens kennzeichnen. Er zeigt Ereignisse und Realitäten auf, die sich im Laufe der Zeit ergeben haben und einen persönlichen Weg darstellen. Das ist der äußere Weg, ein Weg unter vielen. Um diesen Weg zu beschreiben, lassen sich Worte und Sätze finden, die verstanden werden. Parallel zum äußeren Weg läuft immer auch ein innerer Weg. Der innere Weg wird vom Menschen weniger bewußt wahrgenommen, obwohl es sich ebenfalls um seinen höchstpersönlichen Weg handelt, den er auch in jedem Augenblick geht. Der äußere Weg verläuft auf der Ebene der Grobstofflichkeit, der greifbaren und begreifbaren realen Wirklichkeit. Der innere Weg ist ein geistiger Weg auf einer spirituellen Ebene, die einem intuitiven Sensorium zugänglich und erfahrbar ist.

Auf der spirituellen Ebene öffnet sich dem Bewußtsein ein Erfahrungsbereich ohne Grenzen. In diesem Bereich können Worte die eigentliche Wirklichkeit nur noch annähernd umschreiben.

Der innere Weg ist durch intensive, vielfach neue und unerwartete Erkenntnisse und Erfahrungen gekennzeichnet. Menschen müssen und dürfen ihren eigenen Weg suchen, finden und gehen, um überpersönlicher Erfahrungen im Höchsten teilhaftig zu werden. In der Meditation wird sich der Mensch näher kommen und sich definieren. Wer sich in seiner eigenen Seele findet, der wird über sein SELBST mehr erfahren als je in Worten darüber gesagt werden könnte. Das ist das Glück, das uns bevorsteht und das sich in jeder Stunde der Meditation erneuern kann. Es lohnt sich jeder Einsatz um dem Mysterium im eigenen Inneren nahe zu sein.

Malans im März 1997
Gabriel Plattner

Hinführung

Unser Leben wächst durch Meditation in neue Freiheiten hinein.

Gleißendes Licht, Stille und unendlicher Frieden liegen über den Fluten der Ganga, des heiligen Flusses Indiens. Spirituelle Schwingungen öffnen zu früher Morgenstunde das Bewußtsein Andächtiger an diesem Ort der Kraft, der Meditation und mystischer Erfahrung. Einer lichten Spur gleich, bricht reines Wasser aus den urtiefen Quellen des eisgekrönten Leibes des Himalayamassives hervor, längs seines Laufes durch des Landes Alltag, den Menschen Frucht und Andacht spendend: Tropfen für Tropfen Teil des Ganzen, hinstrebend zur Einung mit dem Ozean, dem Unendlichen.

Was für ein Glück, hier am Ursprung des Ganges, in Rishikesh, verweilen zu können! Über Jahrzehnte zurück schlagen meine Erinnerungen eine Brücke zu damaligem Erleben. Stimmungen, Bilder, Töne, Stille und Erfahrungen kehren ins Bewußtsein zurück, sich zu einer Wirklichkeit verbindend, die seither Wesentliches bewegt und gestaltet hat.

Damals, am Ufer des Ganges, erfüllte mich intensives Verlangen nach Unterweisung in Meditation, nach Belehrung, die ich aus einem Buch zu schöpfen suchte, das ich soeben im ashram des verstorbenen Swami Shivananda erworben hatte. Gedanken sind Wirklichkeiten, Schwingungen, Vorstufen zu Geschehnissen. Das Thema Meditation lag in der Luft und die Gedanken, die darum herum kreisten, bewirkten, was zu bewirken war und was kommen mußte: eine Begegnung, eine Beziehung zwischen einem Wissenden und einem Suchenden, einem Meister und einem Schüler. Unvermutet, allerdings ersehnt, war Swami Nityananda Saraswati in mein Leben getreten. Er war zu Lebzeiten von Swami Shivananda dessen Schüler gewesen und lebte in Ramnagar, unweit von Rishikesh.

In das traditionelle, orange Gewand gekleidet, lachte er über sein gütiges Antlitz und sprach mich mit großem Wohlwollen an. Völlig unerwartet lud er mich in seinen kutir (Klause) ein und wir gingen die wenigen Kilometer zu Fuß dem Lauf des Ganges nach zu seiner Hütte. Die Begegnung guru-Schüler nahm ihre Fortsetzung, vorläufig, ohne daß ich dessen gewahr wurde. Ich folgte einfach einer Einladung eines swami, von dem ich nicht einmal den Namen wußte. Auch bemerkte ich nicht, daß ich in diesen Minuten - es wurden Tage daraus - geprüft wurde, geprüft auf meine Kenntnisse und die Ernsthaftigkeit meiner Übungspraxis in den Disziplinen des Yoga. Von meinem starken Interesse an der Meditation hatte ich Swami Nityananda Saraswati erzählt und er hatte meinen Wunsch sehr ernst zu Kenntnis genommen, sich vorläufig jedoch nicht dazu geäußert. Meine am Ganges still gehegten Wünsche nach Erkenntnissen in der Meditation sollten erfüllt werden.

Nach einer Periode der Unterweisung und der Gemeinsamkeit im kutir des swami kam der große Augenblick der Einweisung in den Höheren Yoga durch die Verleihung eines mantrams. Hat der Meister seinen Schüler kennengelernt, weiß er genau, welches mantram zu wählen ist um ein Fortschreiten auf dem geistigen Weg zu ermöglichen. Vor Sonnenaufgang, nach der vorbereitenden Reinigung und Meditation am Ganges, sprach mir der guru die symbolhaltigen Silben des mantrams vor, das mich seither auf dem spirituellen Weg begleitet, mir auch jederzeit die Gemeinsamkeit und die Belehrungen ins Bewußtsein zurückbringt, die ich mit Swami Nityananda Saraswati in Indien erfahren habe.

Soll Meditation unser Leben mitbestimmen, unsere Existenz prägen, dann müssen wir uns für eine Wandlung bereit machen. Werte, Maßstäbe, Lebens- und Verhaltensweisen, die wir erworben haben, werden durch Meditation neue Gewichtung bekommen. Es braucht Mut um sich für Neuwertungen und Umschichtungen des bisher Erfahrenen zu öffnen. Unser Leben wächst durch Meditation in neue Konzeptionen, neue Dimensionen, Erlebnisbereiche und Freiheiten hinein, vorerst unbewußt, dann zunehmend unter Beteiligung des

Bewußtseins. Bewußtwerdung, eine Aufhellung unbewußter Bereiche des eigenen Seelenlebens, ist ein Element der Meditation, das inneres Wachstum der Persönlichkeit zur Folge hat. Eine Entwicklung der Beziehungen zwischen dem Bewußten und dem Unbewußten, durch Arbeit an sich selbst in der Meditation, läßt die Persönlichkeit wachsen und reifen. Ändert sich das Bewußtsein, ändern sich auch die Verhaltensweisen den Menschen und der Welt gegenüber. Eine neue Sicht von moralischen, ethischen und ökologischen Zusammenhängen tut sich dem gewandelten Bewußtsein auf. Leben und Alltag bekommen bedeutende Impulse, die persönliche Existenz beginnt sich bewußter in die ganze Schöpfung einzubinden.

Meditation verschafft dem Menschen ein zusätzliches Instrumentarium mit dessen Hilfe er sich, in einer für sein Bewußtsein neu erwachenden geistigen Welt, orientieren und entwickeln kann. Die bisher in der materiellen Welt vordergründig eingesetzten Funktionen, etwa analytisches Denken, Nachdenken, logisches und folgerichtiges Überlegen, helfen kaum weiter, wenn es um Erfahrungen und Erkenntnisse im Spirituellen geht. Der Weg nach innen, die Öffnung des Bewußtseins für transzendentale Erfahrungen, erschließt sich mystischen Menschen, denen ein spirituelles Leben, ein harmonischer und erfüllter Alltag Anliegen sind. Der rationale Verstand gewährleistet unser Funktionieren in der Welt der Sinne und der Dinge, aber auch nicht mehr. Die Welt der geistigen Werte öffnet sich über die Intuition und mystische Erfahrungen im Herzen.

Der Wahl der Meditationsmethode und der Lehrkraft kommt größte Bedeutung zu. Wir tun gut daran, das ausufernde Angebot an Meditationen kritisch auf Inhalte und Ziele zu prüfen und mit unseren Bedürfnissen und Begabungen ins Verhältnis zu setzen. Zahlreiche Angebote stützen sich nicht auf bewährte Traditionen und sind mehr oder weniger wertlos zur Förderung der Persönlichkeit. Nur qualifizierte Methoden und Lehrkräfte führen suchende Menschen auf dem Weg der höheren, geistigen Erkenntnisse weiter.

Wer sich längere Zeit ehrlich bemüht, wird schließlich die passenden Zugänge und Hilfen finden.

Als für mich in Europa seinerzeit die Informationen über Yoga und Meditation zu versiegen begannen, wurde das große Bedürfnis wach, im Ursprungsland weiterzulernen oder Bestätigung des bisher Gelernten zu finden. Anläßlich eines längeren Aufenthaltes in Indien gestalteten sich die Reise und die Besuche von wichtigen Plätzen mühsam und strapaziös. Was sich jedoch an Fügungen und Begegnungen ergab war glückhaft, eindrücklich und für meine Erkenntnisse von höchster Bedeutung.

Im Zusammenhang mit meinen indischen Erfahrungen halte ich den Achtfachen Pfad des Patanjali für einen ungewöhnlich wertvollen Weg der Persönlichkeitsbildung. Patanjali vermittelt Meditation als ganzheitlichen Weg, als uraltes Kulturgut mit Bezug auf Bildung, Förderung und Selbstverwirklichung des Menschen. Die überlieferten Texte zeugen von hohem Verantwortungsbewußtsein sich selbst und Strebenden gegenüber. Seine Lehren schöpft er aus alten, indischen Traditionen und aus der Asketik ältester Überlieferungen Weiser. Er baut kulturelle Brücken von indischem Gedankengut mit persönlichkeitsbildenden Übungspraktiken zu unserem westlichen Alltag und Lebensstil, die nicht hoch genug geschätzt werden können. Der Achtfache Pfad geht auf Urformen menschlichen Verhaltens, im Wechsel von Tun und Lassen, Ruhe und Aktivität innerhalb des Yin-Yang-Zyklus zurück. Heute, wie vor tausenden von Jahren, können diese Übungsgrundsätze Menschen in ihrer ganzen Existenz erfassen und zu ihrer inneren Bestimmung führen.

Der eigentliche Einstieg in die Meditation gemäß dem Achtfachen Pfad des Patanjali beginnt mit der fünften Übungsstufe, mit pratyahara, dem Abschalten jeglicher Aktivität und Intervention der Sinne. Pratyahara schult Meditierende zur Fähigkeit, sich aus der Knechtschaft der Sinne und ihrer, das Bewußtsein störenden Ablenkungen, herauszulösen. Das Zur-Ruhe-Kommen jeglicher äußerer und innerer Bewegung ist die conditio sine qua non für eine Meditation. Daraus folgt als nächste Unabdingbarkeit dharana, die uneingeschränkte Konzentration auf das Wesentliche, das sich in der Meditation einstellen mag. Auch die Schulung des dharana erfordert ausdauernde, mentale Übungsarbeit, weil dieser konzentrative Zustand uns nicht geläufig ist. Bedeutsames, das den Menschen in der Meditation erfüllen und formen soll, kann in der Phase dharana Eingang in ein durch pratyahara geklärtes Bewußtsein, finden.

Den Yogaweg nach Patanjali praktiziere ich seit Jahrzehnten. Ich habe ihn im Zusammenhang mit umfassenden Studien und beruflichen Tätigkeiten hinterfragt. Grundlegend war die Promotion in den Fächern Psychologie, Philosophie und Heilpädagogik mit jahrelanger Arbeit auf dem Gebiet der Angewandten Psychologie. In diese Zeit fallen Kontakte und Gespräche mit Karlfried Graf Dürckheim über Zen, mit Prof. J. H. Schultz über Autogenes Training und mit Prof. C. G. Jung. Eine umfassende Praxis für Naturheilverfahren mit Akupunkturtherapie hat sich auf Erkenntnisse im Yoga und in der Meditation entscheidend ausgewirkt. Einfluß auf meinen Entschluß, Yoga im Westen weiterzugeben, hatten während meines Indienaufenthaltes Swami Nityananda Saraswati aus Ramnagar und Swami Rama aus Kanpur. Sie haben mich aufgefordert, den Yoga im Westen in seiner authentischen und reinen Art zu verbreiten, weil auch in Indien die traditionelle Lehre Gefahr laufe, verwässert zu werden und verloren zu gehen. Zahlreiche abgewandelte Formen des traditionellen Yoga tauchen in der ganzen Welt auf und haben wenig oder nichts mehr mit der herkömmlichen Lehre zu tun. Auch ein Gespräch mit Maharishi Mahesh Yogi in Indien wies in dieselbe Richtung.

Es mag vielen gehen wie mir. Auf dem Yogaweg wird man immer wieder mit Fragen und Schwierigkeiten konfrontiert, die einerseits in der Wahl und im Ausüben der Methode begründet sind, die andererseits mit der eigenen Unvollkommenheit und mit eigenen Problemen zusammenhängen. Wegweiser sind willkommen, ja notwendig, oft aber nicht in Sicht. Was hier niedergeschrieben ist, stellt meine persönliche Wirklichkeit dar. Das Buch ist als Information und Hilfe gedacht und geschrieben.

Auf dem Weg der Meditation können wir den Lehren und Spuren Weiser und Eingeweihter folgen. Ihre, in die Welt gesetzten Wegmarken zu einem guten und vollkommenen Leben sind deutlich erkennbar und können Suchende zu neuem, erweitertem Bewußtsein führen. Der Weg erschließt sich stufenweise, so wie Menschen für wachsende Erfahrung offen und tragfähig werden. Wer Meditation in sein Leben einbezieht, erfährt zunehmend Führung und Fügung die Mut, Kraft und Freude geben zum Weitergehen.

Warum meditieren?

Meditation hilft dem Menschen zu sein, was er wirklich ist.

Meditation führt zum Erlebnis der Wahrheit und zu den Erkenntnissen, die sie vermittelt. Das wiederum kann nur Großes, Einzigartiges, Endgültiges sein, das den Menschen zur Erleuchtung führt, das ihn über die Relativitäten seiner Existenz innerhalb der materiellen und der geistigen Welt aufklärt.

Ohne das Erkennen des Ganzen wird Wahrheit nie die ganze Wahrheit sein, Teilwahrheit bleiben, die niemals zu einer moralischen Maxime erhoben werden kann. Je nach dem Stand des Bewußtseins ist der Mensch blind für Aspekte der Wahrheit und er wird sie nach seinem Urteilsvermögen definieren. Eine materialistische Grundhaltung wird die ganze Wahrheit in ihrem geistigen Gehalt kaum je begreifen und im Alltag auch nicht zur Geltung bringen können. Wahrheit ist eine spirituelle Erfahrung, die weit über intellektuelle Wertung hinausgeht und die meditativ in ihrem vollen Umfang erfahren und gelebt werden kann. Spirituelle Wahrheit ist unumstößlich und absolut frei von Zweifel und Unsicherheiten. Ewige Wahrheit ist große Erfahrung und Erleuchtung. Die Suche nach Wahrheit kann das innere Wesen des Menschen wandeln und prägen, in der Meditation vom Unwesentlichen zum Wesentlichen führen.

Soll Wahrheit als oberstes, moralisches Kriterium stehen, dann sind die Anforderungen hoch und deren Wertung in den Begriffen eines rationalen Materialismus und seines Alltags nicht selbstverständlich enthalten. Das macht die Suche nach der Wahrheit in der Meditation nicht einfach. Meditierende sind Suchende nach einer Wahrheit, die nur im Geistigen existent ist und den Weg in die Freiheit weist. Hier ist die Fata Morgana einer im Materiellen scheinbar begründeten Wahrheit, Täuschung, maya. Echte und ewige Wahrheiten gibt es wenige und sie sind alle auf den gleichen Urgrund zurückzuführen, den Menschen erkennen können, die meditieren.

Je kleiner und enger unser Bewußtsein, desto enger die Welt in der wir uns bewegen. Sich beengt oder frei zu fühlen ist in erster Linie eine Frage unserer Wünsche und Mentalität, unserer Vorstellungen, unseres Denkens, unserer seelischen Befindlichkeit. Die Bewußtseinsentwicklung hat an der Bildung des Freiheitsempfindens großen Anteil. Frei zu sein ist ein tief im Menschen verwurzeltes Bedürfnis. Ist Freiheit eingeschränkt, verspürt der Mensch Unbehagen, das sich bis ins Unerträgliche steigern kann.

Unfreiheiten nehmen in allen Lebensbereichen zu, obwohl eine riesige Industrie versucht, Scheinfreiheiten und technische Erleichterungen zu schaffen, die das Leben in dieser Welt ungebundener gestalten sollen. Freiheiten können aber nicht durch Äußerlichkeiten geschaffen werden. Ein echtes Freiheitsempfinden, das seelischen Emotionen Freiraum und innere Ungebundenheit schenken soll, muß von innen heraus wachsen, muß sich im Bewußtsein bilden und festigen, zu einem selbstverständlichen Lebensstil werden, unabhängig von allen äußeren Bedingungen. Selbstwertgefühl und Selbstbewußtsein sind die Hauptpfeiler, auf denen ein natürliches Freiheitsempfinden entstehen kann.

Freiheit wird oft grundsätzlich falsch verstanden und gedacht. Das Ergebnis eines kopflastigen Freiheitsbegriffes engt den Spielraum ein. Die Argumente des Frei-sein-wollens haben zur Folge, daß man sich wünscht von Zwängen, Umständen und Pflichten frei oder befreit zu werden, etwa von Arbeiten, die nicht zusagen, von Pflichten, die lästig sind, von Sorgen, die man lieber nicht hätte. Man hat sich in einen Abwehrmechanismus hineinmanövriert und möchte von Lasten frei werden, sie abbauen.

Hoffnungsvoller und besser steht es mit dem Freiheitsempfinden, wenn man das Gefühl hat, zu etwas frei zu sein anstatt sich von etwas befreien zu müssen. Freiheit etwas zu tun oder zu lassen, das ist die Basis für die Entwicklung eines echten und soliden Bewußtseins zwischen Zwang und Freiheit.

Freiheiten sind dem Menschen von Natur aus gegeben, er schränkt sie sich aber im Laufe seiner Existenz ein und sie werden ihm durch äußere Umstände genommen. Bewußter Verzicht auf ein Leben, das zwangsläufig durch Wünsche und Ansprüche, durch Forderungen und Ehrgeiz in Abhängigkeiten und damit in Unfreiheiten führt, ist ein möglicher Weg. Bescheidenheit in allem hält frei von Knechtschaft. Wer sich durch seine Sinne und zunehmende Begehrlichkeiten knechten läßt, wird nie frei sein. Meditation führt zur Freiheit. Wer durch Meditation gelernt hat frei zu entscheiden zwischen Fremd- und Selbstbestimmung, Betriebsamkeit und Ruhe, Zugreifen und Loslassen, Nehmen und Geben, Reden und Schweigen, ist nicht Knecht, sondern Meister seiner selbst.

Meditation ist eo ipso, aus sich selbst heraus verstanden und gelebt, ein Prinzip absoluter, uneingeschränkter, bedingungsloser Freiheit.

Als Menschen sind uns Kräfte und Begabungen eingeboren, die uns Höchstes erfahren und verwirklichen lassen. Im Yoga entwickeln Übende Sensorien, die sie auf spirituelle Schwingungen einstimmen, die dem Bewußtsein einen weiten Erfahrungskreis öffnen. Mit mentalen Sensorien wird es möglich, die Begrenzungen des Bewußtseins im Bereich des Realen zu sprengen und Erfahrungen in der mystischen Welt zu machen. Gemäß der geistigen Entwicklung Meditierender, öffnet sich der Erfahrungsbereich hin zur Welt des Transzendentalen. Der Yoga ist aus der integralen Ganzheit des Menschen erfahrbar, der Leib und Seele der Übung unterzieht und das Bewußtsein in die daraus erwachsenden Erfahrungen einbezieht. Im Sinne einer Bewußtseinserweiterung kann Meditation als Mittel der Wahl zu einem inneren Bedürfnis werden. In der Meditation wird die Intuition als wesentliche Fähigkeit inneren Wahrnehmens geschult und entwickelt. Intuition ist eine Kraft, die der Seele eigen ist, eine Kraft, die bei zahlreichen

Menschen wenig oder gar nicht zur Entfaltung kommt. Dabei ist es gerade die Fähigkeit des intuitiven Schauens, die den Zugang zur geistigen Welt erschließt und dem Menschen mystisches Wahrnehmen ermöglicht. Die Entwicklung der Intuition erweitert den Erkenntnis- und Erfahrungsbereich des Menschen um eine Funktion, zusätzlich zum Denken. Sind Intuition und Denken an der Wahrnehmung beteiligt, eröffnen sich dem Bewußtsein mehr Möglichkeiten, als wenn es auf die eine oder die andere Funktion allein ausgerichtet ist. Das innere Erwachen setzt voraus, daß Intuition für die Gestaltung von Alltag und Leben verfügbar wird und sich Kopf, Hand und Herz leiht.

Denken macht es möglich, sich in der materiellen Welt der Dinglichkeit zurechtzufinden. Intuition ermöglicht die Orientierung und das Sein in der geistigen Welt, in der Erfahrung des Mystischen und Transzendentalen. Ein so entwickeltes Bewußtsein erlaubt eine echte und fundierte Positionierung in allen Bereichen einer Existenz und nicht nur in einem Teilbereich. Intuition hebt die Begrenzungen rein rationalen Erkennens und die damit zusammenhängenden Zwänge auf. Aus der Meditation erwachsen Freiheiten aus einengenden Kategorien, die wir uns mit der Ratio gesetzt und zur Norm erhoben haben.

Gemäß den Ansprüchen und Wünschen Übender sind die Folgen der Meditationspraxis individuell verschieden. In jedem Fall entfalten die Prinzipien des Ordnens, die der Meditation eigen sind, ihre heilsame Kraft innerhalb der Persönlichkeit. Wer sich zur Meditation hinsetzt und das natürliche Strömen des Atems zuläßt und beobachtet, wird bald Ruhe und Kraft erfahren. Eine meditative Pause, die Aktivitäten des Alltags unterbrechend, wird als wohltuend und aufbauend erlebt, schenkt größere Sicherheit und gesteigertes Selbstvertrauen. In der Meditation kann sich der körperliche und seelische Aufbau und Fluß der Kräfte ordnen und harmonisieren. Positive Erfahrungen wecken das Bedürfnis nach mehr Übung und das Vertrauen in die Meditation nimmt zu. So kann sich mit der Zeit eine Wende vollziehen, die von Äußerlichkeiten weg zu einer Verinnerlichung führt. Auf dem Weg der Meditation stellen sich im passenden Zeitpunkt weiterführende Informationen und Belehrungen ein. Höhere Ansprüche an ein verinnerlichtes Leben werden deutlich und führen zu einer intensiven Auseinandersetzung mit der spirituellen Welt, die zunehmend an Bedeutung gewinnt.

Die Weitung des Bewußtseins durch Meditation bringt dem Menschen eine spirituelle religio, eine Verbindung zur transzendentalen Welt, die ihn zunehmend in geistige Bezüge integriert. So werden Erfahrungen möglich, die aus dem konventionellen Leben und Erleben hinausführen zu einer neuen Sicht und zu einem erhöhten Selbstwert. Eine solche Entwicklung der inneren Persönlichkeit fällt aus dem gewohnten Rahmen und führt in der Meditation zu höchster Erfahrung in mystischer Schau, der Schau des Absoluten. Hier reicht das Bewußtsein hinein in das Numinose, Archetypische des eigenen Wesens. Vorerst intuitiv wird ein inneres Fortschreiten wahrgenommen, das sich allmählich zu Wirklichkeiten verdichtet, indem sich Tun und Lassen im Alltag ändern und in neuen Bezügen und Beziehungen erlebt werden. Klärung und Stärkung des inneren Menschen setzen Energie frei, die zur Entfaltung der Persönlichkeit verfügbar wird. Die innere Wandlung führt zu einer bewußten, selbstkritischen Haltung und einem Lebensstil, der Stufe um Stufe mit der inneren Entwicklung einhergeht. Sind die mentalen Schleusen durch Meditation einmal geöffnet, ergießt sich der Strom der Erkenntnis und geistigen Tatkraft mit Macht in das Leben und in die Welt.

In der Meditation liegt ein gewaltiges Potential an Gestaltungskräften, die in der Regel nur zu einem geringen Teil im Menschen aktiv und fruchtbar werden. Es handelt sich unter anderem um Energien, die im Unbewußten blockiert und darum nicht verfügbar sind. Das kann der Fall sein, wenn Komplexe das Unbewußte belasten und seelische wie körperliche Kräfte absorbieren. Ein problembeladenes Leben entzieht dem Menschen immer Energie. Werden Probleme durch eine regelmäßige Meditationspraxis abgebaut, kann Energie frei werden, die dem Menschen nicht geahnten Auftrieb verleiht. Der harmonische Mensch ist Abbild und Ebenbild des Universums, sei es in den Strukturen wie auch in der Dynamik. Der Mikrokosmos Mensch funktioniert nach den gleichen Gesetzmäßigkeiten wie der Makrokosmos. Diese Erkenntnis weist dem Menschen seinen Weg zur Freisetzung und zum Einsatz seiner Begabungen und Kräfte im Einklang mit dem Geschehen im Universum.

Die Strukturen und Funktionen des Universums prägen die grobstofflichen wie auch die feinstofflichen Parallelen im Menschen in den vielgestaltigen Vernetzungen von Leib, Seele und Bewußtsein.

Der Mensch ist nach dem Bild des Universums ein offenes, energetisches System in Abhängigkeit und gemeinsamer Funktion mit dem Ganzen. Der Mensch kann in der Meditation eine optimale Annäherung an das Ideal des Universums suchen und damit in Einklang schwingen und leben. So gelebt und erlebt ist das Leben in jedem Augenblick ein Nachvollzug der Schöpfung im freien Willen der Übereinstimmung mit ihren Gesetzen. Sich dessen klar zu werden, macht den Menschen schöpferisch im wahren Sinn des Wortes und verleiht ihm die Grundlagen und Energien zu schöpferischem Tun. Ein expandierendes Bewußtsein bringt Gedanken und Intuitionen hervor, die mit archetypischen Inhalten besetzt sind, bisher aber nicht aktualisiert wurden. So entsteht ein energetisches und inhaltliches Fluidum zwischen dem Unbewußten und dem Bewußten, das sich als äußerst fruchtbringend erweist. Es findet ein mentales Erwachen statt, das sich im Alltag als Sensibilität, Spontaneität und Kreativität bemerkbar macht. Das Tagewerk wird beseelt und sinnbezogen, in größere Zusammenhänge eingefügt. Wenn das Bewußtsein aus dem Dunkeln aufsteigt und dem Menschen seine Inhalte verfügbar macht, wird das Leben SELBST-verständlicher und lichthafter. Meditation macht das Leben in jeder Hinsicht reicher, weil sie Verborgenes ans Licht bringt.

Das Aufsteigen des Bewußtseins durch die Signaturen der chakras charakterisiert den Weg in der Meditation. Der Mensch wächst aus der Erdhaftigkeit der unteren chakras in die Spiritualität der oberen chakras. Dies ist eine Entwicklung vom Groben zum Feinen, vom

Undifferenzierten zum Differenzierten. Die Erde leiht dem Menschen auf Zeit ihre Kraft in Form ihrer Elemente, die das Körperhafte, das Grobstoffliche ausmachen. Das Feinstoffliche aber ist ein Hauch des Ätherischen, das den Menschen in Seele und Geist belebt. So ist der Mensch Materie, Seele, Geist, Bewußtsein, von prana durchdrungen, das die gesamte Schöpfung gestaltet und bewegt.

Meditation aktiviert Bewußtseinsprozesse und verhilft ihnen zu ihrer ureigenen Dynamik, schafft feinstoffliche Strukturen, die zu einem Leben in der geistigen Welt die erforderlichen Bedingungen und Sicherheiten schenken. Meditation ist die Methode der Wahl um dem Menschen den Weg zu seiner Identität zu weisen, in der er sich in der Welt sinnerfüllt finden und darstellen kann.

Das Bedürfnis nach Meditation ist sehr unterschiedlich. In weiten Kreisen ist Meditation sogar unbekannt. Das überrascht, weil Meditation für den Menschen eine Hilfe zur Bewältigung des Alltags mit seinen zahllosen Problemen und Belastungen darstellt und Licht, Freude und inneren Fortschritt in jedes Leben bringen kann. Von den einfachsten Hilfestellungen, deren der Mensch auf Schritt und Tritt immer wieder bedarf, bis zu den großen Erfahrungen, welche die Existenz für nach Wahrheit und Selbstverwirklichung Suchende bereithält, verläuft ein weiter und hoffnungsvoller Weg, der in der Meditation - bei regelmäßiger Übung - von jedem Menschen beschritten werden kann. Jede Alters- und Entwicklungsstufe fordert den Menschen, ohne Ausnahme, zur Lösung und Bewältigung von Problemen heraus. Doch auch ohne unter Zwang oder Druck zu stehen, ist es ihm möglich, seinen inneren Weg zu suchen, auf dem sich die Meditation als unentbehrlich erweist.

Im Alltag und auf dem Weg zu einer echten Selbstverwirklichung ist der Mensch immer wieder mit grundsätzlichen Gewissensfragen konfrontiert, die sein Tun und Lassen bestimmen, seine Entscheidungen und Handlungen einschränken oder motivieren. Ein Leben in der Wahrheit oder zumindest im Sinne der Wahrheitsfindung wird Anliegen von Menschen sein, die ihrer Verantwortung sich selbst und anderen gegenüber gerecht zu werden suchen und sich an höheren Idealen orientieren. Das Erkennen und Ausbauen der persönlichen Freiheit in der tieferen, geistigen Bedeutung dieses Begriffes, bilden die Basis für alle alltäglichen und nicht alltäglichen Entscheidungen. Ein Weg im Alltag muß ebenso wie ein geistiger Weg ein Weg der Wahrheit sein, wenn er zu höheren Erkenntnissen sowie zu innerer Zufriedenheit und Harmonie führen soll.

Ein Leben in Wahrheit und Freiheit wird im Folgenden mit dem Weg der Meditation in Zusammenhang gebracht. In den darauffolgenden Kapiteln werden Probleme dargestellt, die jedem Menschen im Laufe seines Lebens als Aufgabe begegnen können, und es wird aufgezeigt, wie Meditation bei deren Lösung hilfreich sein kann.

Wer Verbindung zur geistigen Welt sucht und sich der Transzendenz bewußt werden möchte, muß nicht weit suchen. Jeder Mensch ist ein geistiges Wesen und bedingungslos in der transzendentalen Welt aufgehoben. Um dessen inne zu werden, ist keine Reise zu einem fernen Ziel oder an einen bestimmten Ort nötig. Es geht nicht um Erkenntnisse, die irgendwo und irgendwann, vielleicht in einer näheren oder weiteren Zukunft möglich werden könnten. Geistigkeit und Transzendenz sind seit der Schöpfung dem Menschen eigen. Sie begleiten ihn auf seinem Weg ohne Unterlaß durch die Wandlungen seines Wesens im Werden, Sein und Vergehen als die einzige Beständigkeit. Dieser Erkenntnis allerdings ist nicht jeder Mensch teilhaftig. Auch wird sie nicht von allen Menschen gesucht, ja oft gar gescheut oder verdrängt. Es ist nicht selten, daß der Durchbruch zur Medialität, zur Erleuchtung, zur transzendentalen Erfahrung spontan eintritt, als Gnade oder mit einer besonderen Aufgabe verbunden, die an einen Menschen gestellt wird. Nicht gesuchte, spontane Erfahrungen, die Menschen sich ihrer medialen Fähigkeiten und Kräfte bewußt werden lassen, führen zu charismatischer Berufung, zu natürlicher Begabung des Heilens, zu telepathischen Fähigkeiten, zu einer Sicht und Einsicht in das sogenannt Übernatürliche, ins Übersinnliche.

Spontanes oder erstrebtes Einfinden und Eintreten in die Grenzenlosigkeit transzendentaler Erfahrungen und Kräfte ist nicht nur eine Freisetzung aus Bindungen, sondern auch Verpflichtung damit im Sinne höchster Verantwortlichkeit umzugehen. Die Großzahl der Menschen hat nie eine bewußte Beziehung zur transzendentalen Welt und Erfahrung gehabt, sie nie gesucht und auch nicht gefunden, obwohl sie naheliegt. Die Bewältigung des Alltäglichen erschöpft sich in der Regel in einem Bewußtsein der Dinglichkeiten und der Befriedigung materieller Ansprüche und Wünsche. Die Hindernisse, die einen inneren, geistigen Weg versperren, sind zahlreich, so daß die geistige Entwicklung oft blockiert bleibt.

Meditation verändert den Menschen und sein Bewußtsein. Sie verändert das Leben, denn das Bewußtsein erweitert sich und ermöglicht das Erkennen neuer Werte. Auch die Bedürfnisse Meditierender ändern sich. Was bisher wichtig war, kann an Bedeutung verlieren. Die innere wie die äußere Haltung des Menschen wandeln sich, es setzt eine Entwicklung ein, die Schwerpunkte des Erkennens und des Lebens vom Unwesentlichen zum Bedeutungsvollen verschiebt. Meditation leistet einen Beitrag zur ganzheitlichen Entfaltung des Menschen. Zur äußeren, physischen Entfaltung fügt Meditation die Chance einer Evolution der geistigen Kräfte hinzu. Bewußtheit, Wahrnehmung und Haltung werden selektiver und verlagern sich von außen nach innen. Die Kräfte des Yin und des Yang kommen durch Meditation ins Gleichgewicht. Das Helle, Licht- und Sonnenhafte des Lebens wächst mit dem Dunkel, dem Schattenhaften zur komplementären Ganzheit zusammen und führt zur harmonischen Funktion der großen polaren Kräfte Yin und Yang, die sowohl im Menschen als auch im Universum das Ganze bilden. Haben sie sich im menschlichen Wahrnehmen, Erkennen und Handeln schwerpunktmäßig verlagert, und hat sich in der Folge ein Ungleichgewicht in der geistigen Haltung oder in der Seele herausgebildet, das Dunkle vor das Helle geschoben, dann kann der Mensch die innere Harmonie und die Orientierung in der Welt verlieren.

Meditation festigt als Bewußtwerdungsprozeß das Lichthafte im Menschen und führt zu den Urquellen innerer Harmonie. Regelmäßige Meditation stärkt die religio, die echte Bindung an den göttlichen Urgrund des Menschen, aus dem es keine Verrückung gibt, wenn nicht der Mensch in seiner Blindheit, Taubheit und Unbewußtheit eine Entfremdung konstruiert. In diesem Fall eignet sich Meditation als Mittel zur Rückführung in die Geborgenheit, ins Licht der Erkenntnis der ewigen großen Wahrheit.

Der Einbruch des Dunkeln und daraus sich ergebende Krisen gehören zum Leben. Sie zu verstehen, einzuordnen und ohne seelischen Schaden zu überwinden, verlangt hohe Einsichtsfähigkeit in diese Zusammenhänge sowie große innere Festigkeit und Ehrlichkeit. Meditation gibt Kraft und Sicherheit zur Bewältigung von Krisen, öffnet unser Bewußtsein den Freuden und Leiden des Alltags gleichermaßen und macht sie innerem Verstehen zugänglich. In der Meditation kann, darf und soll dieKonfrontation des Menschen mit sich selbst nicht ausbleiben. Es ist jedoch beinahe die Regel, auch bei Menschen, die sich ehrlich um ein Leben in der Wahrheit bemühen, daß all das verdrängt oder beiseite geschoben wird, was nicht in das jeweilige Wunschbild paßt. Selbst- und Fremdverständnis sowie entsprechendes Verhalten beruhen meist nicht auf unvoreingenommenen Erkenntnissen und Reaktionen. Das Unbewußte spielt als Dunkelbezirk nicht selten eine Rolle aus dem unkontrolliertes und komplexhaftes Verhalten herausbricht. Ohne tiefe Selbsterforschung bleiben die Fundamente, auf denen wir unsere Existenz aufbauen möchten, wenig tragfähig, die Basis wenig stabil.

Wer nicht in einem sicheren Selbstverständnis lebt, ist vielen Fährnissen schutzlos ausgesetzt. Mit Hilfe der Meditation kann der Mensch Stärke, Mut und Selbstsicherheit entwickeln, um den äußeren Weg im Alltag und den inneren Weg in der geistigen Welt mit Zuversicht zu gehen. Der tiefere Sinn des Lebens ist oft schwer erkennbar. Weltweite chaotische Zustände bleiben nicht ohne Wirkung auf unser inneres und äußeres Leben und erschweren die Orientierung. Leistungsdruck zur Sicherung materialistischer Bedürfnisse beginnt in der Schule und zieht sich durch das ganze Leben. Geistige Ideale mögen zwar Jugendliche motivieren und leiten, verlieren sich aber meist allzufrüh im Streben nach Besitz, Macht und scheinbaren Sicherheiten sowie in Alibiübungen zu einer falsch verstandenen Selbstverwirklichung. Bildung und Ausbildung dienen zum Teil dem Auf- und Ausbau trügerischer Positionen im Materiellen, die zur Hauptsache der Existenz hochstilisiert werden. Bildung und Pflege des inneren Menschen kommen zu kurz. Innenschau, Kontemplation in der Stille sowie Konzentration auf geistige Inhalte sind kaum bekannt und auch selten geübt. Die innere, geistige Welt wird nicht erkannt, nicht erschlossen und nicht erlebt. So tritt der Mensch den Weg durch das Leben schlecht ausgerüstet an, es sei denn Eltern, Lehrer, Mentoren hätten sich seiner frühzeitig angenommen und ihm einen ganzheitlichen Weg sowohl in der Welt der Dinge als auch in der Welt des Geistes gewiesen. Dann könnte er mit offenem Herzen und sicherem Selbst-Verständnis in dieser Welt leben und ihre Schönheiten ebenso erleben wie auch das Dunkle annehmen, einordnen und verstehen.

Ordnung

Der Mensch hat seine äußeren und inneren Ordnungen, die in der Meditation bewußt und verfügbar werden.

Es mag ein geistiges Prinzip gewesen sein, das mit der Schöpfung Ordnung schaffte. Aus dem Chaos wurden Ordnungen und zum Dunkel gesellte sich Licht. Seither haben sich Ordnungen in die Materie eingelassen und sie in unendlichen Variationen strukturiert. Von den Wundern der Ordnung ist die gesamte organische und anorganische Welt durchdrungen. Auch der Mensch hat seine Ordnungen bekommen in denen er lebt. Die Strukturen der Grobstofflichkeit sind das Abbild des feinstofflichen Grundes und Hintergrundes, der sie prägt und mit Energie zum Leben versieht.

Der äußere Mensch gibt das Bild des inneren Menschen wieder und die inneren Bildungskräfte gestalten den Menschen in der äußeren Welt. Die Ordnungen des inneren Menschen stellen sich in seiner Welt dar. Ein Mensch ohne innere Ordnungen wird nach Außen nicht von Ordnung zeugen können.

Der Meditation eignet ein Ordnungsprinzip, das sich in das Bewußtsein Ordnungsuchender einlassen und sie in die Ordnung bringen kann. Durch Meditation kann der Mensch Ordnungen wahrnehmen, beurteilen und wahr machen, sich von deren Prinzip prägen lassen. Wer aus der Ordnung herausgefallen ist, kann in der Meditation zur Ordnung zurückfinden, wenn er sich dafür öffnet. Ordnung ist heilsam. Sie kann körperliche und seelische Leiden auffangen und Genesung bringen. Die Schwingungen der Ordnung sind naturgegeben und naturgemäß. Die Gründe dafür, daß der Mensch aus der Ordnung gerät, können Zeichen sein, daß er sich diesen Grundprinzipien gegenüber taub stellt, sie mißachtet, nicht wahr haben will oder nicht wahrnimmt. Die Folgen solcher Taubheit lassen nicht lange auf sich warten, denn der Mensch in

Unordnung fällt leicht dem Chaotischen anheim, wird an Leib und Seele krank.

Regelmäßige Meditation macht Ordnungen stark und wirksam. Ein geordnetes Selbstgefühl kann Menschen auch in schwierigen Situationen zum Guten lenken. Qualitäten, Kräfte und Schönheiten großer und kleiner Ordnungen erfüllen Leib und Seele mit positiven und aufbauenden Schwingungen, so wie sie der Mensch braucht um heil zu sein. Die heilsame Kraft der Ordnungen kann sich in Worten, Gedanken, Klängen, Formen und Farben offenbaren und dem Bewußtsein mitteilen. Am Wahrnehmungsprozeß, der Ordnungen erfahrbar und wirksam macht, hat die Seele wesentlichen Anteil und es ist gerade die Meditation, die das Herz des Menschen für das Schöne und Wahre öffnet, das sich in den vielen Ordnungen offenbaren kann, welche Welt und Alltag reich machen.

Chaos kann Ordnungen stören oder gar zerstören, es stellt Ordnungen in Frage und wirkt aufrüttelnd. Das Chaotische läßt sich wohl aus dem Bewußtsein ins Unbewußte verdrängen, womit es aber nicht verschwindet, weder aus dem Menschen noch aus der Welt. Das Chaos hat seine Funktion als Gegenspieler der Ordnung, es war vor der Ordnung in der Welt, als diese noch dunkel und ungestaltet war.

Chaotische Zustände drängen immer wieder in das Leben und stören beispielsweise die Gesundheit, das seelische Gleichgewicht oder den Ablauf der täglichen Verrichtungen. Naturgegebene Strukturen haben aber auch eine erstaunliche Tendenz und Möglichkeit, sich nach eingetretenen Deregulierungen wieder zu ordnen und drängen nach dem Entgleisen in das Chaos zu ihren Ordnungen zurück. Die Natur sucht im Großen und im Kleinen Ordnung zu erhalten, auch im Menschen.

Unordnungen können mental bewältigt werden. Oft bedarf es des starken inneren Willens zur Ordnung, um eine Veränderung einzuleiten. Die Besinnung auf Ordnung kann sich kreativ auswirken, Neues kann entstehen. Der Mensch bestimmt selbst, wie er mit dem Chaos in sich und in seiner Umgebung leben, wie er es zu den Ordnungen ins Verhältnis setzen will. Das Maß innerer Ordnungen ist daran erkennbar wie im Äußeren die ordnenden Kräfte manifest werden. Ein Übermaß an Ordnungswillen kann zum Zwang und zur Belastung werden, den Menschen überfordern und zum Sklaven der Ordnung machen. Ein Bewußtsein, das durch Meditation gelenkt wird, kann dem Chaos und der Ordnung ihre Bedeutung und ausgewogene Funktion geben. Abwägen, Zulassen und Weglassen der beiden Extreme läßt einen Weg in der Mitte finden und ihn auch gehen. Meditative Schwingungen beruhen auf Frequenzen, die der Natur eigen sind und bestärken die inneren Ordnungen. Meditation erzeugt Alphawellen im Bewußtsein des Menschen, die das tägliche Tun und Lassen prägen. Meditation schaltet Störendes aus, bewirkt Konzentration auf Wesentliches und Hingabe an das Prinzip der Ordnung.

Ordnungen haben eine räumliche Struktur und einen Verlauf in der Zeit in kurzen und in unendlichen Zyklen. Den Gesetzen der Ordnung folgen kleinste bekannte Schwingungen und Wellenbewegungen wie auch der Lauf von Äonen. Der Lauf von Jahren, Jahreszeiten, Gestirnen, Tagen, Nächten, Gezeiten stellt sich unserer Wahrnehmung dar und zeugt von den Ordnungen der Schöpfung.

Den sinusförmigen Frequenzen von Schwingungen folgen Aktivitäten lebender Zellen und der Bioelektrizität, welche Leben schaffen und erhalten. Das Mentale hat seine eigenen Schwingungsordnungen, die auf Befindlichkeiten und geistige Aktivitäten des Menschen Einfluß nehmen. Das Bewußtsein kann selektiv auf Schwingungen eingehen, die es erreichen. Es trifft aber auch häufig zu, daß des Menschen Bewußtsein von Schwingungen überschwemmt und beeinflußt wird, die es auf Unheilvolles einstimmen.

Meditation ist eine große Hilfe, um das Bewußtsein dem Förderlichen und Heilsamen zu öffnen und es von Störschwingungen freizuhalten. In Ordnungen eingebettet und für Ordnung verantwortlich sind kleinste Strukturen der Erbmasse, wie zum Beispiel Gene und weitere Träger von Informationen, die das Leben in Leib, Seele und Bewußtsein lenken und beeinflussen.

Es ist nicht vorstellbar, daß der Zyklus von Geburt, Leben und Sterben ohne den Einfluß von Ordnungen möglich ist. Im Chaos wäre weder das Leben des Menschen noch der Lauf der sich dauernd erneuernden Schöpfung möglich. Für die Ordnungen des Lebendigen zeugen die Funktionen des menschlichen Organismus in seiner Ganzheit. Zwei dieser Funktionen stellen Herzschlag und Atmung dar. Der Herzschlag begleitet den Menschen mit seiner Ordnung durch das Leben nach dem Grundschema von Yin und Yang in harmonischem Wechsel zwischen den polaren Impulsen der Systole und der Diastole, der Kontraktion und der Lösung der Herzmuskulatur. Die rhythmische Ordnung gewährleistet Gesundheit und Leben. Entgleisungen führen zu Störungen und zur Bedrohung des Lebens. Auch die Atmung hat ihre Ordnungen vom ersten bis zum letzten Atemzug. In deren Rhythmus lebt der Mensch in Verbindung mit der Feinstofflichkeit und dem prana.

Im pranayama nehmen Übende bedeutenden Einfluß auf die Bewegungen des Atems und auf Funktionen des Lebens. Gemäß der Erkenntnis der Weisen können im pranayama Qualität und Dauer des Lebens durch die Atemfrequenz gesteuert werden. Die Atmung, vor allem die bewußte Atmung, setzt Übende in Beziehung zum kosmischen Geschehen. Bewußte Atmung als pranayama ist Vorstufe und Bedingung für eine Meditation gemäß dem Achtfachen Pfad des Patanjali. Atmung ist Umgang mit Ordnungen.

Harmonie

Die Seele ist unbestechliches Sensorium zur Wahrnehmung der Harmonie.

Die Gesamtheit von sehr komplexen Einflüssen, welche die menschliche Seele bewegen und das Bewußtsein gestalten, führt zu einem subjektiven Zustand innerer Gestimmtheit, der schwer zu beschreiben ist. Die individuelle Erfahrung innerer Gestimmtheit kann als harmonisches oder disharmonisches Erlebnis bewußt werden. Harmonie kann innerlich als Glücksgefühl, als wohltuende Stimmungslage, als angenehme Stimmigkeit freudvoll erfahren werden. Ein aus dem Urgrund des Menschen stammender Zustand ohne jede Störung, auch aus dem Unbewußten oder aus unkontrollierter Gedankentätigkeit, ist für die meisten Menschen ein nicht nachvollziehbares Erlebnis. Bedenkt man, daß innere Harmonie in Seele und Bewußtsein des Menschen eine Stimmigkeit von Schwingungen voraussetzt, dann mag deutlich werden, welch schwer zu erlangendes Gut innere Harmonie ist.

Jeder Mensch braucht sein Maß an Harmonie, sonst kümmert seine Seele und das subjektive Lebensgefühl sinkt ab. Ohne harmonische Übereinstimmung mit Umwelt und Welt verarmt der Mensch und kann sein Bestes nicht freisetzen. In einer Welt und in einem Alltag mit hauptsächlich disharmonischen Schwingungen, ist es nicht leicht harmonisch zu sein. Man wird sich schon seine stille Oase suchen und schaffen müssen, in der man Störungen loswerden und in die Harmonie einschwingen kann. Loslassen, Einstimmen, Konzentrieren und Zulassen, das sind die Schritte, die zu innerer Harmonie führen. Hier bietet der ganze Yoga eine hervorragende Chance und die Meditation ist ein direkter Weg in die innere Harmonie.

Auch im täglichen Leben ist es möglich Harmonie zu erfahren und sie im Inneren wirksam werden zu lassen. Harmonie in unversehrter Natur zu suchen und zu entdecken, erfüllt den Menschen mit Freude und läßt ihn den Weg zu einer Gestimmtheit in der Ordnung finden.

Es ist ein erstaunliches Phänomen, daß die Seele spontan, unkompliziert und unbestechlich Harmonie wahrnimmt und darauf reagiert. Aus welcher Quelle auch immer harmonische Schwingungen freigesetzt werden, die Seele kann unmittelbar darauf eingehen und sie zu einem intensiven Erlebnis gestalten. Der Musikwissenschaftler Hans Kayser hat in seinem Standardwerk „Grundriß der harmonikalen Wertformen" wissenschaftlich die Grundlagen der Harmonie in der Musik nachgewiesen. Darin wird deutlich, daß die Grundlagen der Harmonie sowohl in der Wissenschaft wie auch in der Seele des Menschen die gleichen Wurzeln haben. Im genannten Werk schrieb Hans Kayser im Jahr 1946, „Hören tun wir alles, sämtliche Tonverhältnisse und Töne, reine und unreine, sowie Geräusche aller Art. Wenn wir also unter den Intervallen und Akkorden bestimmte als rein, richtig, andere wieder als unrein, unrichtig erkennen, so macht das nicht mehr unser Ohr, das Empfinden allein, sondern es muß etwas in unserer Seele sein, welches eine Auswahl unter den Tönen und Geräuschen trifft. Die Tonverhältnisse, die wir soeben hörten und deren Reinheit unsere Seele zu beurteilen vermag, zeigen uns zugleich eine Normierung der materiellen Schwingungszahlen. Jedes von unserer Seele als rein erkannte Intervall normiert in gewissem Sinne die Materie und zwar in einem spontanen Erkenntnisakt." Am Grund der Harmonie erkennt Hans Kayser die Tonzahl als Urphänomen der Musik.

Eine Tonzahl ist ein wissenschaftlich klar definierter Begriff, der meßbar ist. Der seelische Bereich auf den die Tonschwingungen mit ihren harmonikalen Strukturen einwirken, gehört zum feinstofflichen Organismus des Menschen. Dort wird eine Stimmung erzeugt, die sich in eine mystische Erfahrung wandeln kann. Die Seele wirkt hier selektiv, indem sie harmonische von disharmonischen Schwingungen unterscheidet und dem Menschen so eine

Wahl und Entscheidung möglich macht. Die Seele ist in diesem Erkenntnisprozeß eine unbestechliche Instanz!

Innere Harmonie gewährleistet Gesundheit. Jede naturgemäße Therapie für Körper und Seele und selbstverständlich auch der ganze Yoga, geht von der Regulierung der Lebensprozesse im Yin und im Yang aus, von Polaritäten, die zur Harmonie zu bringen sind. Ein gestörtes Gleichgewicht bedeutet gestörte Harmonie und kann weder einen gesunden Leib noch eine gesunde Seele und damit auch kein Lebensgefühl schaffen, das man als harmonisch bezeichnen kann.

Aus welchen Quellen der Mensch auch immer das zu einem freudvollen und erfüllten Leben nötige Potential an Harmonie schöpfen mag, ist sein ureigenes Anliegen und entspricht einem ganz und gar individuellen Bedürfnis der Persönlichkeit. Ob eigene Tätigkeiten ein harmonisches Erlebnis herbeiführen oder ob ein solches durch Betrachtungen und passiven Genuß von Dargebotenem, etwa in irgendeiner Form von Kunst möglich gemacht wird, ist zweitrangig. Bei eigenem Schaffen oder bei Kunstwerken müßten allerdings die Gesetzmäßigkeiten des Harmonikalen zur Geltung und Darstellung kommen, wenn die Seele von den davon ausgehenden Schwingungen positiv erfaßt und gestimmt werden soll. Wird die Seele nicht spontan von einem Werk ergriffen und müssen Erläuterungen mit dem Verstand gesucht werden, dann spreche ich von einer Konstruktion, die den Verstand anspricht und nicht die Kraft und Ausstrahlung aufweist, die die Seele erhebt. Echte Kunstwerke der Musik, der Literatur, der Malerei oder Bildhauerei weisen die Merkmale einer harmonischen Seelenstruktur auf, aus denen heraus sie geschaffen wurden. Ein typisches Beispiel dafür ist das mandala. Es gibt die innere Harmonie des Menschen wieder, der es geschaffen hat. Das Werk ist Abbild seines Inneren und dessen Strukturen, sei es in den Formen, den Farben, in allen symbolträchtigen Gestaltungen, die es umfaßt und zur Einheit bringt.

Künstler, die zeitlose Werke geschaffen haben, schöpften aus dem unvergänglichen Urgrund der Natur und des Menschen. Solche

Werke von unvergänglicher Gültigkeit bewegen die Seele, sie kann daraus die Harmonie schöpfen, die einst in das Werk eingeflossen ist.

Von ganz besonderer Bedeutung für ein Leben sind die menschlichen Beziehungen. Harmonie und Disharmonie haben in der Zwischenmenschlichkeit große Bedeutung, weil die entsprechenden Schwingungen das Emotionale des Menschen weitgehend beeinflussen und damit seine innere Befindlichkeit bestimmen. Zu- oder Abneigung, die sich auf Personen des engeren oder weiteren Vertrauten- oder Bekanntenkreises beziehen, sind für ein Leben in Harmonie entscheidend. Prägen vorwiegend Probleme und Disharmonien die zwischenmenschlichen Beziehungen und in der Folge Meinungsverschiedenheiten und Streitigkeiten, dann werden innere Belastungen, Gewissenskonflikte und Vereinsamung den Alltag zu einer Belastung und disharmonisch machen. Die Emotionalität, das Gefühlsleben, die Herz und Seele in die menschlichen Beziehungen einbinden, nehmen die Schwingungen wahr, die zwischen Menschen wirksam sind, auch wenn weder Worte noch Gesten zu beobachten sind. Eine positive Ausstrahlung springt spontan von Mensch zu Mensch über und vermittelt ein Fluidum des Wohlbefindens. Ebenso spontan setzen eine negative Grundhaltung, Ablehnung oder Haß eine disharmonische oder gar feindliche Stimmung zwischen Beteiligte. Wenn Emotionen mit im Spiel sind, bleibt eine Kontrolle über ein Verhalten meist aus oder unwirksam, auch wenn es zu Reaktionen kam, die der Mensch nachträglich selbst nicht billigen kann, dann nämlich, wenn er darüber nachzudenken beginnt, was er im Affekt gesagt oder getan hat.

Wer sich mit Meditation befaßt, wird allmählich zu einem inneren Gleichgewicht und zu einer Gelassenheit finden, die vermehrt Harmonie in Tun und Lassen, in Wort und Tat einfließen lassen. Prägt Harmonie ein menschliches Umfeld sind Herz und Seele von Frieden erfüllt, bereit und fähig Kraft und Wohlwollen auf die Umgebung auszustrahlen. Austragen, Ausleben, Ertragen oder Aufarbeiten disharmonischer Zustände oder Probleme sind immer mit

Anstrengungen und Energieeinbußen verbunden. In Harmonie zu leben bringt einen großen Zuwachs an Kraft und Energie, die für ein inneres Wachstum und für die Meditation verfügbar werden. Bei Meditationen in homogenen Gruppen ist deutlich festzustellen, daß die Kräfte, welche durch das gerichtete Bewußtsein mehrerer Beteiligter eingebracht werden, eine Steigerung, gewissermaßen eine Potenzierung erzielen. Einerseits erfahren in der Gruppenmeditation die eigenen Schwingungen eine Steigerung, die Meditation verläuft beschwingter und andererseits wird die Energie in der Meditation im Kollektiv vervielfacht.

Große und kleine Harmonien im Universum wahrzunehmen ist eine konkrete Erfahrung Glücklicher, eine Erfahrung von Menschen, die sich ihnen öffnen und hingeben können. Loslassen, auch in der Meditation, ist eine Voraussetzung, um sich für die Schwingungen positiver, lichthafter Kräfte der universellen Harmonien empfänglich zu machen. Die sensibilisierte Seele ausgeglichener Menschen vermag sich unreflektiert und spontan mit harmonikalen Schwingungen in Resonanz zu versetzen, die ein Gefühl des Glückes und des Friedens vermitteln. Eine Meditation unter dem Stern einer einfachen, traditionellen Thematik in einer eingestimmten Gruppe vermittelt Teilnehmenden, wenn auch ein individuell unterschiedliches, so doch immer ein erhebendes und beeindruckendes Erlebnis. In einer Meditationsgruppe werden die mentalen Schwingungen geradezu sinnlich wahrnehmbar, reichen aber in jedem Fall über das Sinnliche hinaus in eine übersinnliche Sphäre.

Die Schwingungen der Harmonie haben starken Anteil an einer Erfahrung, die von positiven, aufbauenden und heilsamen Vibrationen ausgehen. Die Transformation der Wahrnehmung dessen, was für die Sinne einen Wahrheitsgehalt hat und was als übersinnliche Wahr-Nehmung bewußt werden kann, ist ein Mysterium, dessen sich der Mensch in der Meditation bewußt werden kann.

Identität

Des Menschen Aufgaben erfordern eine Identität, die auch in der Wirklichkeit der geistigen Welt verankert ist.

Drei klassisch überlieferte Fragen sind uns auf den Yogaweg zur Selbsterforschung mitgegeben: „Wer bin ich? Was ist die Welt? Was ist meine Aufgabe in dieser Welt?" Sollten wir spontan auf diese Fragen antworten, kämen wir wohl in Verlegenheit und müßten um Bedenkzeit bitten. Das Ergebnis des Nachdenkens würde einen geistigen Lehrer kaum zufriedenstellen. Bis eine Antwort von einem Menschen zeugt, der sich selbst in einer umfassenden, integralen Identität gefunden hat, ist ein anspruchsvoller geistiger Weg zu gehen. So lautet denn der Rat des guru, der seinem Schüler diese drei Fragen zur Beantwortung vorlegt: „ Gehe hin und meditiere!" Die Bildung einer tragfähigen Identität innerhalb eines geweiteten Bewußtseins ist grundlegendes Anliegen der Meditation. Die Welt der substanziellen Wirklichkeit und die Welt der geistig-seelischen Wirklichkeit müssen im Bewußtsein zu einer Einheit verschmelzen, wenn die Persönlichkeit zu einer ganzheitlichen Identität finden soll. Aus einem so gewachsenen Selbstbewußtsein heraus wird der Mensch auf die drei Fragen individuelle Antworten finden, deren Inhalt auf den Verlauf seines Lebens großen Einfluß nehmen können.

Mehr oder weniger bewußt ist jeder Mensch mit der Bildung seiner eigenen Identität konfrontiert. So, wie sich die Persönlichkeit im Verlauf des Lebens wandelt, so wandelt sich auch das Bewußtsein und damit Bedürfnis und Notwendigkeit sich in der Welt als Individualität darzustellen. An einem erfüllten Leben haben der Prozeß der Selbstfindung und Selbstdarstellung und das damit zusammenhängende Ergebnis bedeutenden Anteil. Dieser Prozeß der Selbstverwirklichung des äußeren und inneren Menschen beginnt beim Jugendlichen und setzt sich beim Erwachsenen fort und zwar in jeder Phase der Entwicklung in einer besonderen und typischen Art. Die Bedürfnisse und Anliegen, wie sie sich auf jeder Altersstufe manifestieren, müssen im Prozeß der Selbstwerdung abgedeckt und befriedigt werden. Das ist eine Notwendigkeit, wenn eine gesunde Entwicklung gewährleistet sein soll.

Die oben zitierten drei Fragen haben in jeder Phase des Lebens ihre eigene Bedeutung und die darauf folgenden Antworten werden in jeder dieser Phasen Zeugnis von der Reife und vom Stand eines Bewußtseins ablegen.

Jugendliche suchen nach Vorbildern und Idolen, die ihnen besonderen Eindruck machen und denen nachzueifern ihnen erstrebenswert scheint. Es kann sich um Äußerlichkeiten, um Kleidung, Gestik und Sprache handeln in denen sich junge Menschen in der Nachahmung gefallen. Sie können darauf ein Selbstbewußtsein aufbauen, das ihnen innere Befriedigung bietet. Junge Menschen sind aber auch sensibel für Vorbilder und Mentoren, die eine starke menschliche Ausstrahlung haben und geistige Ideale vertreten. Deren Verehrung beruht auf einer Personifizierung von ganz bestimmten Werten, die schon bei jungen Menschen eine große Bedeutung haben können. Sich darin selbst zu finden und nach außen entsprechend darzustellen schenkt innere Befriedigung und stärkt ein gesundes, oft auch ambitiöses Selbstbewußtsein. In vielen Fällen bestimmen Idealfiguren, deren Lebensweise, Gesinnung und Ansichten den weiteren Verlauf der Bewußtseinsbildung von Menschen jeder Altersstufe. Die gesuchten, angestrebten und schließlich nachvollzogenen Identifikationen prägen die Persönlichkeit.

Eine Identität wird umso tragfähiger und echter sein, als sie in den Realitäten des Alltags wurzelt und sich nicht bloß an Idealen orientiert. Die leibhafte Identität muß beim Kleinkind, beim Heranwachsenden und schließlich beim Erwachsenen in der substanziellen Welt erfahren werden und sich im Bewußtsein festsetzen etwa nach der Formel: „Ich bin ein Leib in dieser Welt."

Mit der leibhaften Identität kann eine innere, geistige Identität wachsen, sodaß ein Mensch in Leib und Seele gemäß der Formel ersteht, die lauten kann:“Ich bin Leib, Seele und Bewußtsein.“ So empfindet sich eine Persönlichkeit als eine Einheit im eigenen Wesen und als Mikrokosmos im Makrokosmos. Das ist eine große Erfahrung deren viele ein Leben lang nicht teilhaftig werden. Entsprechend fällt es dann auch schwer, sich im Alltag zurechtzufinden und niederzulassen. Das Fehlen einer inneren Identität kann zu psychischen Leiden führen im Sinne einer Entfremdung des Wesens aus der Wirklichkeit, das sich nicht in die Welt integrieren kann. Derart Kranke haben sich von der Wirklichkeit abgespalten, einer Wirklichkeit zu der sie sich innerlich nicht bekennen können.

Im Laufe eines Lebens kann sich die Erfahrung der eigenen Identität wandeln und ändern. Eine Identität, die es Jugendlichen ermöglicht sich selbst zu finden, mag Erwachsenen nicht ohne weiteres entsprechen. Wer meditiert wird seinen ganz besonderen Weg suchen und gehen, der ihn zu einer Identität führt aus der heraus er auf die drei oben angeführten Fragen klare Antworten zu geben vermag. Gerade in der Meditation erschließen sich Quellen aus denen ein unendlicher Reichtum an Idealen offenbar wird, die das Bewußtsein prägen können. Eine in ihrer Identität gereifte Persönlichkeit mit einem weiten Bewußtsein, welches das eigene Wesen in die Gemeinschaft von Mensch, Kreatur, Natur und des gesamten Universums schrittweise einzubeziehen vermag, hat sich selbst in hohem Maß verwirklicht. Nun erkennt der Mensch, wer er ist, was die Welt ist und was in dieser Welt seine Aufgaben sind. Jetzt werden Offenheit, Zuwendung, Liebe, Hilfsbereitschaft und tätige Nächstenliebe zum Bedürfnis und zu einem Lebenszweck.

Die Entfaltung des Selbst aus den Verhüllungen

In den koshas bleibt der atman verhüllt bis sich der Mensch seines inneren Wesens bewußt geworden ist.

Das SELBST des Menschen, so sagen die Weisen Indiens, ist durch fünf koshas verhüllt. Koshas sind Verhüllungen, die dem Menschen die Wahrheit seines göttlichen Ursprungs verbergen. Selbsterkenntnis über sein ureigenes Wesen ist dem Menschen so lange vorenthalten, bis er sich darum bemüht, sich in seiner Ganzheit zu erfahren. In den Körperübungen eines meditativ praktizierten Yoga wird der Mensch mit seinem Leib, dessen Funktionen und Geheimnissen konfrontiert. Durch verinnerlichtes Üben von asana, bandha, mudra, kriya und pranayama wird der Leib durchlässiger für die Pranaenergie und in seiner Struktur dem Feinstofflichen angeglichen. In der Übung der Meditation stellt sich die Ganzheit des Menschen dar, wandelt sich zur Spiritualität und öffnet sich zur Erfahrung des Höchsten. Das ist die Wandlung des Menschen durch die Hüllen der koshas. Die koshas werden mit Bewußtsein durchlichtet und besetzt, die Schichten, welche die Selbsterkenntnis verunmöglichen, werden abgebaut bis das SELBST in seiner reinen Herrlichkeit freigesetzt ist.

Das Selbstbewußtsein unterliegt einem Entwicklungsprozeß, der es aus der Unwissenheit in den Verhüllungen herauslöst und für höchste Erkenntnis frei macht. In der Durchdringung der koshas und in der Manifestation des prana in diesen Wesensschichten des Menschen ist der innere Prozeß des Menschwerdens aufgezeigt und nachvollziehbar. Der Mensch stellt sich in allen Qualitäten des prana in der Welt dar, denn Leib, Seele und Bewußtsein existieren aus dem prana, der die Kräfte und Energien zum Leben verleiht.

Weil der Mensch vorwiegend in seiner Leiblichkeit lebt und sich selbst besonders über die Sinne erfährt und in der Sinnlichkeit darstellt, bleibt er in den Verhüllungen der koshas befangen, die ihm seine eigene Spiritualität und die Spiritualität der Welt vorenthalten.

In der Manifestation des Bewußtseins in den koshas spielt prana eine Schlüsselrolle. Prana zu erklären und zu verstehen stößt an Grenzen und man wird gut daran tun, seine Intuition einzubringen um diesem bedeutungsvollen Mysterium näher zu kommen. Prana manifestiert sich in allem, was die Schöpfung hervorgebracht hat. Prana mag der Schöpfungsgedanke und die Schöpfung selbst sein. Prana ist Schwingung und als solche im ganzen Universum offenbar und wirksam, im Sichtbaren und Nichtsichtbaren, im Grobstofflichen und Feinstofflichen. Prana ist Energie des Gedankens, latente und dynamische Energie in allen Formen. Prana bewegt die Welt.

Die koshas werden als fünf Verhüllungen BRAHMANS, des Höchsten, auf verschiedenen Bewußtseinsebenen dargestellt. Im Selbstwerdungsprozeß wird das Höchste im Menschen in dem Ausmaß manifest und offenbar als er sich der verhüllenden koshas bewußt wird, die ihn in Täuschung befangen halten.

In den koshas, den fünf Wesensschichten, manifestieren sich prana und dessen Gestaltungskräfte in einem energetischen Kreislauf vom Groben zum Feinen fortschreitend. Den Prozeß der Verwirklichung des SELBST in BRAHMAN kann der Mensch in der Meditation nachvollziehen.

Annamaya-kosha.

Die dichteste Hülle bildet der grobstoffliche Körper des Menschen, der aus Nahrung gebildete Leib. Hier ist prana Atom, Molekül, Erbmasse als Trägerin von Leben und Informationen, deren der Mensch für seine Existenz bedarf. Der grobstoffliche Körper als

Verdichtung von prana ist Hülle für das, was den physischen Menschen ausmacht, zugleich aber auch eine Täuschung, die das tiefere Wesen im Menschen verschleiern kann. Wer auf der Ebene des annamaya-kosha bewußtseinsmäßig fixiert bleibt, reduziert den ganzen Menschen auf den grobstofflichen Anteil und wird auch darin beschränkt bleiben.

Sich seiner Körperlichkeit bewußt zu werden, ist ein wesentlicher Schritt in der persönlichen Entwicklung. Gerade in der körperlichen Übung kann die Leibhaftigkeit mit ihren Möglichkeiten und Grenzen deutlich erfahren werden, was für weitere Erkenntnisse und Zusammenhänge von großer Wichtigkeit ist. Übung macht den Körper durchlässig und empfänglich für feinstoffliche Prozesse und den Fluß von Pranaenergie. Derartige Erfahrungen ermöglichen dem Bewußtsein das Eingehen in die feinstofflichen Bereiche des eigenen Wesens.

Pranamaya-kosha.

Prana als Lebensenergie durchwirkt den ganzen Menschen. Zum Grobstofflichen des annamaya-kosha bildet der feinstoffliche energetische Organismus eine Entsprechung. Im pranamaya-kosha kommt Pranaenergie zum Bewußtsein und zur Wirksamkeit als Fluß von Vitalkraft im Organismus, als Bewegung des Ätherischen und als Manifestation des Lebensodems. In diesem kosha ist es vorwiegend das Somatische, in dem das Fließen vitaler Kräfte, die den Organismus durchweben und beleben, bewußt wird. Prana ist in den Leitbahnen des Gesamtorganismus Element des Lebens, das sich in den Polaritäten von Yin und Yang manifestiert und in diesem Kräftefeld den Fluß der Lebensenergie gewährleistet.

Trennen sich Yin und Yang, so ist der leibliche Zyklus der Existenz aufgehoben. Übung im pranayama kann in einem entsprechenden Bewußtsein das Herauswachsen aus der Verhüllung und Befangenheit der koshas möglich machen. Das Bewußtwerden der Pranakraft in konzentrierter Hingabe und Verinnerlichung an die Übung, hilft dem Menschen mit seinem feinstofflichen Körper in intensive Verbindung zu kommen und auch darin seine Identität zu finden. In einem derart geweiteten Bewußtsein kann der Mensch die Täuschung loslassen, daß das Körperliche seine Ganzheit ausmacht und ihm die Sinne, die ganze Wahrheit offenbaren können.

Bewußtwerdung ist auch hier der Weg, der zur Befreiung und zur Freiheit führt. Lenken und Nachempfinden des Pranaflusses setzt Bewußtheit voraus und baut die Meisterschaft über einen wichtigen, lebenssteuernden Prozeß auf und aus.

Manomaya-kosha.

Die Verhüllung im Denkbewußtsein, das in diesem kosha das Chakrakteristikum bildet, erweist sich als besonders hartnäckig und der Ausstieg aus dieser Befangenheit bildet eine der großen Herausforderungen an Menschen, die auf der Suche nach Wahrheit und Erkenntnis sind. Das Denkbewußtsein empfängt die Sinneseindrücke und baut darauf die Welt des Menschen auf, wie sie in weiten Kulturkreisen, besonders auch in der westlichen Welt, geradezu zur alleingültigen Wirklichkeit geworden ist: eine Welt der Ratio, der Machbarkeit und Begreifbarkeit all dessen, was die Sinne über eine materielle Welt erkennbar werden lassen. Das ist die Welt des manomaya-kosha. Verhüllung in diesem kosha ist ein Leben in der Verhüllung der Wahrheit. Wer sich daraus befreien und frei werden möchte zu tieferen, geistigen Erfahrungen, muß seinem Erkenntnisvermögen und seinem Bewußtsein eine weitere Ebene, eine weitere Dimension erschließen. Hier findet sich der Mensch an der Schwelle, die von der rationalen zur mystischen Erfahrung führt und damit eine neue Schau eröffnet. Das Medium, das eine innere Wandlung möglich macht ist Meditation. Die Freisetzung des inneren Menschen und seiner geistigen Funktionen aus der Befangenheit in einer Welt, die durch die Kategorien von Raum, Zeit und Materie sowie eine Überschätzung des Intellektes dominiert wird, ist Voraussetzung, um sich aus der Verhüllung dieses koshas zu befreien. Ist diese Herauslösung aus Befangenheit durch Übung und Meditation Wirklichkeit geworden, öffnet sich des Menschen Bewußtsein zum Urgrund, zu den Quellen intuitiver Erkenntnis und er beginnt seine Heimat im atman zu erahnen.

Vijnanamaya-kosha.

Das Erkenntnisbewußtsein, Merkmal dieses koshas, bildet eine weitere Hülle, die zur Bewußtwerdung des atmans zu durchbrechen ist. Im Erkenntnisbewußtsein befangen, stellt sich die Welt als eine Welt der Dualitäten dar. Der analysierende Intellekt schafft Unterscheidung und Zweiheit. Er verhüllt die großen Wahrheiten und bildet ein grundsätzliches Hindernis für mystische Erfahrung, die zum Höchsten führt. Im vijnanamaya-kosha ist die Ichhaftigkeit noch nicht überwunden, sie verunmöglicht den Durchbruch zum SELBST. Das Unterscheiden und Wollen legt sich, auch in der Meditation, immer wieder höherer Erfahrung in den Weg, weil diese Funktionen einer anderen Dimension angehören. Eine intuitive Öffnung in der Stille, ohne Störung rationalen Unterscheidens, hebt Meditierende aus der Verhüllung heraus und macht frei zu neuen Erfahrungen in vermehrter Ungebundenheit. Das Durchschauen von Täuschungen setzt voraus, daß willentliche Anstrengung unterbleibt und im Loslassen die Voraussetzung geschaffen wird, sich aus der Bindung des vijnanamaya-kosha zu befreien.

Anandamaya-kosha.

Seligkeit und Freude sind im anandamaya-kosha erfahrbar und bilden, trotz der angenehmen und beglückenden Erfahrung die damit zusammenhängt, ein letztes Hindernis auf dem Weg. Dem verhüllten atman, dem Höchsten, sind Suchende in diesem Bewußtseinszustand am nächsten. Solange der Mensch innerlich von Stimmungen bewegt und motiviert wird, sind Gemütsregungen wie Freude und Glücksempfinden noch Hinderungsgründe um den endgültigen Durchbruch in der Meditation zu erlangen. Dazu sind absoluter Gleichmut und Unbeeinflußbarkeit durch Stimmungen und Gefühlsregungen unabdingbar. Die bedingungslose Hinwendung zum atman fordert völlige Loslösung vom letzten kosha, das den Menschen in seine Gefühlswelt und damit auch in seine Ichhaftigkeit einbindet. Der atman und das Eingehen in den atman stehen für diese Unberührtheit von allen Gedanken- und Gemütsbewegungen. Erleuchtete haben sich aus den hindernden koshas befreit, ihr persönliches Bewußtsein verschmilzt in der Meditation mit dem transzendentalen Überbewußten.

Atman ist die individuelle Entität, die Ganzheit der Persönlichkeit als unsterbliches, ewiges SELBST. Atman ist göttlicher Funke und zeitloser Anteil des menschlichen Wesens am Höchsten, an brahman, in dem der Mensch in seinem Zyklus durch die Existenzen ohne Unterlaß geborgen ist. Atman schöpft seine Identität aus brahman. Ist sich der Mensch seines SELBSTES bewußt geworden, ist er fähig seine Kräfte voll zu entfalten und in den Dienst seiner spirituellen Erfüllung und der Selbstverwirklichung zu stellen. Sind die koshas überwunden, erkennt der Mensch sein eigenes SELBST als den atman, der er ist und erfährt sich in jedem Moment seiner Existenz bewußt als göttliche Schöpfung, in brahman aufgehoben. Brahman-Bewußtsein macht grenzenloses, absolutes Sein ohne Bedingungen in Selbsterfahrung möglich und bleibt von jeglicher Veränderung unberührt. Brahman neigt sich Suchenden zu, bereit, sich ihrer, in jedem Augenblick hingebungsvollen Strebens, anzunehmen.

Sieben chakras, Weg zur Selbstverwirklichung

Die Welt der chakras ist die Welt des Menschen, in der er, in Resonanz mit dem Universum, sein SELBST verwirklichen kann.

In der Reihe der chakras die Entwicklung des menschlichen Bewußtseins nachzuzeichnen, erweist sich als psychologisch sehr ergiebig. Es war wohl auch die Absicht der indischen Meister, in der symbolhaften Darstellung der chakras den inneren Weg des Menschen darzustellen und deutlich zu machen. Die Chakrareihe, wie sie uns überliefert ist, ist etwas vom Großartigsten, was uns über den Entwicklungsweg des inneren Menschen und die Funktionen des psychosomatischen Organismus vorliegt. Dieses indische Konzept der Persönlichkeitsbildung setzt eine umfassende Vorbereitung des Menschen voraus, der diesen Weg gehen will. Es handelt sich um einen Weg, der innere Reife und Festigkeit voraussetzt, einen Weg, der unter Führung zu gehen ist. Fraglos wurde die Chakralehre ehemals, wie der ganze Yoga und die Meditation auch, vom Meister zum Schüler weitergegeben. Auch heute sollten nur Erfahrene in das Wesen der chakras einführen.

Inhalte und Gehalt der chakras sind von großer Komplexheit und von einer Tiefsinnigkeit, die nur nach eingehender Hinführung und Auseinandersetzung erfahren werden kann. Es handelt sich in diesen bildhaften Darstellungen von Symbolen, Formen, Farben und Gestalten um eine mythologische, archetypische, mystische und tiefenpsychologische Welt, die zu erkunden und zu erfahren an Lehrende und Lernende höchste Ansprüche stellt. Die alten Beschreibungen der chakras sind mit Absicht verschlüsselt, um ihre Inhalte Uneingeweihten vorzuenthalten. Das System der chakras erfaßt in seiner Art den ganzen Menschen, es stellt ein Grundkonzept des Menschen und seiner Funktionen dar.

Die Welt der chakras ist die Welt des Menschen. Die chakras können als in den Menschen projezierte Gesetzmäßigkeiten gesehen und erfahren werden; Gesetze, die im Universum ebenso wie im Menschen aktiv sind. Das universale Gesetz des Lebendigen verwebt den Menschen mit dem Universum zu einer funktionellen Einheit, die sowohl das Körperhafte als auch das Spirituelle in sich einbezieht und in sich birgt. Sein in den chakras ist Sein in sich und in der Welt. Diese Formel verrät die Tiefgründigkeit der Konzeption der Chakrareihe und der Beschäftigung mit den chakras. Wer in seiner inneren Entwicklung so weit fortgeschritten ist, daß er zu den verborgenen Inhalten der chakras gefunden hat, dessen Existenz wird sich bewußt von Ewigkeit zu Ewigkeit um die lebendige Symbolik der chakras drehen, die sein persönliches Leben ausmachen.

Chakras stehen ohne Unterlaß in Korrespondenz, Abhängigkeit und Resonanz mit den kosmischen Gesetzen. Sie sind eingebettet in den Kreislauf des Lichtes und der Energie, die das Universum ebenso wie den Menschen umfangen und leiten. In den Bildern und Funktionen der chakras kann sich der Mensch in seiner Rückkoppelung an seinen Urgrund erfahren und darin stark werden. In der Kontemplation der Chakra-Symbole, die zu seinem eigenen Wesen Bezug haben, kann er sich selbst erfahren, sich ihren Inhalten hingeben, die auch sein Leben prägen. So wird ein Nachvollzug der eigenen Entwicklung und eine selbstkritische Einstufung des persönlichen Standes in der Siebenerreihe der Chakra-Kette möglich.

Die Entwicklung des Menschen und seine psychosomatischen Funktionen laufen auch ohne bewußtes Zutun ab. Nur hebt die Übung, sei es eine Übung des Körpers oder des Geistes, die Entwicklung und den inneren Fortschritt auf eine Stufe, die ohne Übung nicht erreicht wird. So ist auch die Auseinandersetzung mit den chakras gemeint. Man kann leben, ohne sie sich bewußt zu machen, wird aber ein anderes Leben führen im Bewußtsein des Reichtums, den sie vermitteln. Das erfordert allerdings einen

Brückenschlag des Bewußtseins zwischen den verschlüsselten indischen Konzepten, die den chakras zugrunde liegen, und unserem Verständnis für deren symbolhafte Darstellung in Wort und Bild.

Der mentale Zugang zu den mystischen Inhalten und der meditative Gang durch die Reihe der sieben chakras gleicht einer Initiation, und er soll auch als solche betrachtet und erfahren werden. Das ist ein langer Weg, der sehr viel Hingabe und Übung erfordert, eine Hingabe, die nur geleistet werden kann, wenn dafür ein tiefes inneres Bedürfnis besteht. Ich beschränke mich in dieser Darstellung der sieben chakras auf die Inhalte, die mit der Bildung des Bewußtseins in der Meditation zusammenhängen.

Die Auseinandersetzung mit den chakras gewährleistet keinesfalls ein lineares Fortschreiten, gewissermassen von unten nach oben, auch nicht in der spirituellen Entwicklung. Der Fortgang kann sich auch in einer Stagnation oder einem vermeintlichen Rückschritt in der persönlichen Situation zeigen. Das Bewußtwerden bestimmter Inhalte oder Prozesse in der Auseinandersetzung mit den chakras kann zu Krisen aller Art führen, die für eine Reifung sogar nötig sein können. Es können aus dem Unbewußten Störfaktoren aktiviert werden, und es ist auch möglich, daß das Selbstbewußtsein aus dem Gleichgewicht gerät. Wer sich von einer kompetenten Lehrkraft anleiten läßt, der sollte jederzeit mit ihr Rücksprache nehmen und sich beraten lassen können.

Gerade auf diesem Gebiet ist Klärung jeglicher Unsicherheit wichtig, wenn es nicht zu Frustrationen und psychologischen Fehlleitungen kommen soll.

Die Stufen innerer Entwicklung sind in der Chakra-Leiter vorgegeben und auch ausführlich beschrieben. Kraft und Energie birgt das muladhara-chakra in der Basis und macht sie verfügbar, wenn der Mensch sie freisetzt, damit sie das Bewußtsein in den aufsteigenden Stufen befruchten und entwickeln. Es ergibt sich gleichsam ein Aufstieg durch das Chakra-Gebäude aus dem Dunkel des Kellergeschosses im Erdhaften durch alle Stockwerke bis ins Dachgeschoß, wo das Bewußtsein in lichte Höhen gelangt. Sich in jedem Geschoß umzusehen, einzurichten und darin heimisch zu werden ist ein passender Vergleich für den inneren Aufstieg. Auf jeder Stufe und in jedem Raum wird sich der Mensch zurechtfinden müssen, klären, ob er dem Geforderten gerecht zu werden vermag und ob ein Weitergehen zu neuen Höhen und Sichten gerechtfertigt ist. Der Inhalt jeder Stufe stellt eine Herausforderung dar, sich darin selbst zu finden und sein Leben entsprechend zu gestalten. Werden die gesetzten Maßstäbe selbstkritisch geprüft, wird man auf jeder Stufe an seine Grenzen erinnert und zur Perfektionierung angehalten. Ein echter innerer Fortschritt ist nur möglich und gewährleistet, wenn man dem Bild und Vor-Bild, das im chakra gegeben ist, zu entsprechen vermag.

ANMERKUNG

Das Kapitel über die chakras ist der Vollständigkeit halber dargestellt. Es ist nicht als Anweisung zur Meditation in den chakras zu verstehen. Wer in den chakras meditieren möchte, bedarf einer kompetenten Führung durch eine Lehrkraft.

In den chakras und durch die chakras tritt eine geistige Welt in Erscheinung und stellt sich unserer Wahrnehmung dar. So ist es verständlich, daß man in den chakras ein ganzes Evolutionsprogramm sehen und nachvollziehen kann. Dieses Programm menschlicher Entwicklung reicht bewußtseinsmäßig in frühere Existenzen zurück, aber auch vorwärts, in eine mehr oder weniger wahrnehmbare Zukunft. Das Hier und das Jetzt kennzeichnen die Stationen höchster Bewußtseinskonzentration in dem unendlichen Kreislauf der persönlichen Evolution. Ich meine, daß die chakras einen genetischen Code beinhalten, der das ganze Programm menschlicher Funktionen umfaßt. Codiert sind der Lebenszyklus und alle körperlichen, seelischen und geistigen Funktionen, deren das Bewußtsein bedarf, um das Wunder Mensch hervorzubringen, am Leben zu erhalten und durch das Sterben in ein anderes Sein zu transformieren. Die Codierung, die in die menschlichen chakras eingegeben ist, steuert den Menschen in seinem Verhalten, sowohl in der materiellen als auch in der feinstofflichen Welt.

Nachfolgend ein knapper Überblick über die herkömmlichen Betrachtungsweisen der chakras.

Dem muladhara-chakra sind zugeordnet: vier rote Blütenblätter. Das yantra (Diagramm im Inneren des chakras) umfaßt u. a. die symbolische Form des Quadrates, das Element Erde, die Farbe Gelb, die Keimsilbe LAM. Korrelationen zum plexus pelvis und plexus sacralis, sowie den äußeren Fortpflanzungsorganen.

Dem svadhishthana-chakra sind zugeordnet: sechs scharlachrote Blütenblätter. Das yantra umfaßt u. a. die symbolische Form des Halbmondes im Kreis, das Element Wasser, die Farbe Hellblau, die Keimsilbe VAM. Korrelationen zum plexus hypogastricus und den Ausscheidungs- und Fortpflanzungsfunktionen.

Dem manipura-chakra sind zugeordnet: zehn rauchblaue Blütenblätter. Das yantra umfaßt u. a. die symbolische Form des Dreiecks, das Element Feuer, die Farbe Rot, die Keimsilbe RAM. Korrelationen zum plexus solaris und plexus epigastricus, sowie zum Ernährungssystem.

Dem anahata-chakra sind zugeordnet: zwölf zinnoberrote Blütenblätter. Das yantra umfaßt u. a. die symbolische Form des Hexagramms, das Element Luft, die Farbe Grüngrau, die Keimsilbe YAM. Korrelationen zum plexus cardiacus, zum Herz-, Kreislauf- und Gefäßsystem.

Dem vishuddha-chakra sind zugeordnet: sechzehn violettgraue Blütenblätter. Das yantra umfaßt u. a. die symbolische Form der Mondsichel, das Element Äther, die Farbe Silber, die Keimsilbe HAM. Korrelationen zum plexus cervicalis und zum Atemzentrum.

Dem ajna-chakra sind zugeordnet: zwei weiße Blütenblätter. Das yantra umfaßt u.a. die symbolische Form des Kreises, mit zwei Blütenblättern, die Farbe Weiß, die Keimsilbe OM. Korrelationen zum plexus cavernosus und zur medulla oblongata.

Dem sahasrara-chakra ist zugeordnet: im tausendblättrigen Lotos helles, strahlendes Licht in allen Farben des Lichtspektrums, ausgehend vom Zentrum eines weißen Kreises.

Die Strukturen, Funktionen und die spirituellen Prägungen der chakras müssen hohen Zielen und Möglichkeiten gemäß sein. Um diesen Anforderungen gerecht zu werden, sind den chakras „Hilfsbetriebe" zugeordnet, die ganz bestimmte Aufgaben übernehmen. Dazu zähle ich zum Beispiel das Herz, die Lungen, den Magen und die Nieren. Die sieben chakras sehe ich als drei Funktionseinheiten. Muladhara- und svadhishthana-chakra im Sakralbereich sind eine Funktionseinheit mit starkem gegenseitigem Bezug. Die drei chakras manipura, anahata und vishuddha sind ein weiterer Funktionsverband im mittleren und oberen Bereich der Wirbelsäule. Ajna- und sahasrara-chakra funktionieren im Kopfbereich. Die Wirbelsäule hat ihren Minus-Pol am Sacrum, im muladhara und den Plus-Pol am Atlas, im vishuddha. Die beiden Kopf-Chakras haben eine eigene Polarität, nämlich den Minus-Pol an der Schädelbasis und den Plus-Pol auf dem Schädeldach.

Das Funktionsdispositiv steht in engem Bezug zu Drüsen und Nebendrüsen mit ihren hormonellen Ausschüttungen. Muladhara und svadhishthana hängen funktional mit der Adrenalinproduktion der Nebennieren und den Hormonen der Keim- und Geschlechtsdrüsen zusammen. Manipura ist durch die Bauchspeicheldrüse mit einer inneren und äußeren Sekretion gekennzeichnet. Zu nennen ist die Herstellung von Insulin sowie verschiedener Basen, Säuren, Enzyme und Fermente, die im Verdauungsprozeß eine Rolle spielen. Der Bauchspeicheldrüse zugeordnet sind „Hilfsbetriebe" wie Magen, Leber, Gallenblase und Dünndarm. Für das vishudda steht die Schilddrüse mit Hormonsekretion. Luftröhre, Speiseröhre und Lunge sind „Hilfsbetriebe“.

Die Kopf-Chakras ajna und sahasrara finden Entsprechung in der Hypophyse und Epiphyse, die Hormone produzieren und gemeinsam das „Fenster zum Licht“ bilden. Sie funktionieren in engem Zusammenhang mit dem Hypothalamus.

Die innere Sekretion steht den Lebensvorgängen sehr nahe und gliedert sich unserem Chakra-Verständnis wunderbar ein. Sie hat einen umfassenden Einfluß auf die Funktion des Organismus und erklärt chemische und energetische Einwirkungen und Zusammenhänge, die weit über jene der plexi hinausgehen. Die hormonellen Steuerungen greifen tief in die psychosomatischen Prozesse ein und manifestieren sich auch im Seelischen und Geistigen. Überdies lassen sie die Aura aufleuchten, zeigen deren Entwicklungsstand, ihre Gesundheit oder Schädigung durch Fehlfunktionen des Körpers und der Psyche. Die chemisch-hormonellen Impulse reflektieren sich im Prana-Körper und durchdringen die feinen Nahtstellen zwischen den rein körperlichen und den spirituellen Bereichen, zwischen dem greifbar Realen und dem Transzendentalen, für das ein meditatives Sensorium nötig ist, soll es erfahren werden. Struktur, Schwingung und Strahlung stehen mit hormonellen Impulsen in engstem Zusammenhang.

Die sich progressiv wandelnde Kundalini-Kraft wird hormonell und vom Bewußtsein stark beeinflußt und steht bei der Chakra-Arbeit im Mittelpunkt des Prozesses. Sie geht aus einem Urzustand hervor und macht eine alchemistische Wandlung in höhere Wertigkeiten durch, bis sie bereit ist zur letzten Wandlung, zum Samadhi-Zustand im Transzendentalen. Kundalini bedarf der Impulse und Informationen aus den chakras, um den Individuationsprozeß zu vollziehen und im sahasrara-chakra ihre Vollendung in der „mystischen Hochzeit“ zu finden. So entsteht letztendlich Brahman-Bewußtsein: shakti hat sich mit shiva vermählt.

Muladhara-chakra

Seine Lokalisation hat dieses chakra am untersten Ausläufer der Wirbelsäule, am Steißbein. In der Physiologie nennen wir diese Körperregion den Sacralplexus. „Sacral" heißt geheiligt und wird durch diese Bezeichnung auch im geistigen Sinne bedeutungsvoll. Dieses als Urpotential gekennzeichnete Wurzelzentrum ist identisch mit dem Sitz der Kundalinikraft.

Das muladhara-chakra bildet die erste Station in welcher der Mensch, kraft des Schöpfungsgedankens, Bewußtsein in einem Leib erlangt. Im muladhara-chakra inkarniert sich eine Seele. Das karma hat die Zeitdauer zwischen der Exkarnation des Menschen im Sterben und der Wiederverkörperung eines Wesens bestimmt. Das karma gibt dem Menschen eine Chance in die Welt zu kommen, um seine Mission zu erfüllen, seine Pflichten wahrzunehmen und den Aufgaben, gemäß der Evolution, gerecht zu werden. In der Geburt hat sich ein geistiger Anspruch auf das Leben in dieser Welt erfüllt, der Anspruch einer Seele, sich in einem Körper zu verwirklichen. Im muladhara-chakra wird dieses Bewußtsein Wurzeln schlagen. Als archetypisches Symbol findet sich in diesem chakra die zusammengerollte Schlange kundalini. Kundalini ist latente Urkraft, die aktiv wird, wenn sie mit Bewußtsein besetzt wird. Sie hält sich bereit, um dem Bewußtsein Kraft zu spenden, wenn es in den chakras aufsteigt, um sich in seinen Wandlungen darzustellen. Die Potenz der kundalini kann meditativ auf allen Stufen der Chakrareihe erweckt werden, je bewußter desto intensiver. Meditation lenkt die Kundalinikraft in den chakras zu deren Ausgestaltung, ausgehend vom muladhara mit den Vitalfunktionen im Leib bis zu den obersten chakras, wo Spiritualität frei wird. Das ist ein Sublimierungsprozeß im Menschen, der sich durch Meditation auf der Stufe der Chakrareihe verwirklicht, die ihm zukommt.

Die Erkenntnisse, die sich auf die Fragen des Woher und Wohin des Menschen ergeben, entsprechen dem Stand seines Bewußtseins und der Entwicklung seiner intuitiven Fähigkeiten. Ein Nachvollzug der großen Wandlungsprozesse, die mit dem Sterben und der Geburt verbunden sind, ist einem meditativen Bewußtsein vorbehalten, und er wird dem Menschen, gemäß seiner intuitiven Begabung, möglich werden. Es ist physikalisch nicht möglich, daß aus nichts etwas wird oder daß umgekehrt etwas Bestehendes sich in nichts auflöst. Sowohl materiell als auch energetisch bestehen Gesetzmäßigkeiten, die besagen, daß die Summen bei Veränderung konstant bleiben.

Des Menschen Leib wird zu Erde. Aus Erde hat der Schöpfer den Menschen geschaffen mit Leib und Seele. Kraft und Energie sind in der Seele und im Bewußtsein, sie beleben den Menschen, wenn er im muladhara-chakra zum Erdendasein kommt. Geistige und seelische Kräfte geleiten den Leib durch die Welt, bleiben auch erhalten, wenn er sich wieder von ihnen trennt, wenn der Mensch sein leibliches Gewand ablegt. In seiner Urprägung ist muladhara seit Urzeiten der Schöpfung bis zum Ende menschlicher Evolution Urpotenz der Spezies Mensch.

Kräfte und Potenzen zur Zeugung sind Frau und Mann im muladhara-chakra eingegeben. Von diesem Pol einer trieb- und geistbedingten menschlichen Urpotenz spannt sich der Bogen zum sahasrara-chakra, wo der Geist in der Spiritualität seine höchste Ausdifferenzierung findet. Im muladhara steht als Symbol shakti. Im sahasrara, dem Tausendblättrigen Lotos, herrscht shiva. Shiva-Kraft ist plusgepolte Yang-Energie. Das Weibliche, das Empfangende, das Yin-Prinzip, verbindet sich mit dem Männlichen, dem Yang-Prinzip.

Das Yang wird aus dem Yin geboren. Das geistige Prinzip des sahasrara-chakra, mit der Kraft shivas ausgestattet, nimmt sich seine shakti. Es ruht die shakti, auf Befruchtung wartend, bereit zur Schaffung des „Dritten“. Liebe, Sexualität, Instinkt und Trieb äußern sich in einem Drang, der aus dem Transzendentalen kommt und eine leibliche Geburt anstrebt. Sie beherrschen das Feld der Leiblichkeit, stehen jedoch zur geistigen Welt in enger Abhängigkeit.

Wenn ich in den hormonellen Vorgängen eine Projektion der Chakra-Funktionen sehe, dann wird klar, daß sich diese nicht nur auf den grobstofflichen, sondern auch auf den feinstofflichen Körper auswirken. Die Geschlechtshormone, wie Prostaglandin und Östrogen, enthalten chemische, strukturelle und feinstoffliche Informationen. Solche Informationen programmieren und disponieren den Menschen über den im muladhara lokalisierten Geschlechtsapparat zu seinen schöpferischen Aktivitäten. In beeindruckender Komplexheit werden Funktionen von Liebe, Sexualität und Zeugung im muladhara-chakra gespeichert. Sie werden von den Kräften des karma und anderen geistigen Konzepten des Schöpfungsgedankens mitbeeinflußt, und zwar in einem viel höheren Maße als wir es in unserer mehr oder weniger ausgeprägten Verhaftung in der maya und im Grobstofflichen annehmen.

Es ist für unser vorwiegend auf Verbrauch und Genuß ausgerichtetes Zeitalter kennzeichnend, daß auch die Liebe zwischen Frau und Mann an Intimität eingebüßt hat. Die geschlechtliche Verbindung wird in weiten Kreisen mit rein egozentrischem Lustgewinn praktiziert. Dabei bietet gerade der Intimverkehr zwischen den Geschlechtern einzigartige Möglichkeiten echter Hingabe und eines Aufgehens in der Seele des anderen.

Der Zustand der Ekstase in einer Liebesverbindung kann große Ähnlichkeit mit dem ekstatischen Zustand in der Meditation aufweisen. Sie gleichen sich physiologisch und psychologisch.

Während der liebenden Vereinigung, die übrigens in ihrem Rhythmus stark mantrischen Charakter hat - ein andauerndes Geben und Nehmen beinhaltend - steigern sich die Partner in die Innigkeit der seelisch-geistigen Verschmelzung. Dabei unterliegen die hormonellen Vorgänge in allen Drüsen und den ihnen zugeordneten chakras einem Erneuerungsprozeß von gewaltigem Ausmaß. Die Kundalinikraft erlebt während der sexuellen Aktivität von Frau und Mann ihre symbolische Hochzeit (shiva und shakti). Jetzt kann während der Vereinigung der Moment kommen, wo der Lebensfunke auf eine neue Inkarnation überspringt. Eine Seele findet nun ihre Chance, in diese Welt zu kommen. Welch gewaltiger Prozeß, dieses Durch- und Einbrechen einer Inkarnation in diese Welt! Welch gewaltige Ekstase in dem Moment, wo das Werk vollbracht ist! Welche Freude für das „Dritte", nun Mensch zu werden, sich in dieser Welt entwickeln, darstellen und im geistigen Individuationsprozeß Selbstverwirklichung anstreben zu können.

Die kundalini ist Trägerin geistiger Entwicklungsprozesse. Sie ist weibliche Signatur, eine Potenz, die Leben schafft, und sie spielt bei der Fortpflanzung des Menschen, in der Liebe und beim Vorgang der Reinkarnation eine Hauptrolle. Wir müssen uns immer wieder vor dem Irrtum hüten, unser Leben und damit auch die Liebesvereinigung und die Fortpflanzung des Lebens als rein körperliche Vorgänge zu betrachten. Sie sind immer und in jedem Augenblick ebensosehr geistig-seelische Prozesse.

Im ekstatischen Samadhi-Zustand ist das Bewußtsein aus Raum und Zeit befreit, aufgegangen im großen Einen. Dieser Prozeß der Einswerdung, nicht nur im Körperlichen, sondern auch im Geist und in der Seele, ist auch in der Ekstase der Liebe nachvollziehbar. Voraussetzung dazu ist allerdings eine Bewußtseinsstufe, die die Ebene des rein Vital-Triebhaften, überwunden hat. Für Liebende ist das völlige Aufgeben des egozentrischen Haben- und Nehmenwollens zugunsten völliger Hingabe in die Seele des Du ein Höhepunkt, der den Orgasmus zu einem ekstatischen geistigen Erlebnis werden läßt.

Während der Liebesvereinigung ist die Fixierung auf die Geschlechtsteile eine Einengung des großen Geschehens, die ein intensives, seelisches Erlebnis verhindert. Man kann im Bereich der Sexualität wachsen und zu einem anderen Bewußtsein der Liebe kommen. Der Eros sitzt im Herzen und im Geiste der Liebenden und wartet auf seine Verwirklichung in der Liebesbeziehung. Dagegen erfaßt das stark im muladhara verhaftete Bewußtsein lediglich einen Teil des menschlichen Wesens mit seiner sexuellen Aktivität. Es gewährleistet immerhin die leibliche Fortpflanzung der Spezies Mensch. Genügt dies aber den Partnern zur Förderung ihrer inneren Entwicklung? Genügt das lustvolle Nehmen auf Kosten eines liebenden Gebens und Sich-Hingebens? Ob in diesem Fall die geistigen Impulse genügen, die das „Dritte“ mitbekommt? Die kundalini bietet Suchenden und Strebenden immer das Ganze und die ganzen Chancen an, nicht nur einen beschränkten, körperlichen Teil davon. Der Prozeß der Einswerdung im Geiste bedeutet Einswerdung im Transzendentalen, wo beide Seelen beheimatet sind. Eine Vereinigung des Geistigen, als jedem Menschen immanenter Anteil am kollektiv Transzendentalen, kann während der ekstatischen Verschmelzung im Liebesakt stattfinden. Je nach der erlangten Bewußtseinsstufe in den aufsteigenden chakras wird das individuelle Erleben ein anderes sein. Die Einswerdung beider Partner bringt eine Einschmelzung von zwei Menschen im gesamten Kraftstrom ihrer Chakrastrahlung.

Wir sind intuitiv dem vorgeburtlichen Bewußtsein des werdenden Kindes gefolgt, bis dorthin, wo es durch das Zusammentreffen von Ei- und Samenzelle, als „Drang zum Werden“, seine Verkörperung in der Verschmelzung von Frau und Mann gefunden hat. Das vorgeburtliche Stadium im Mutterleib dauert im Regelfall neun Monate. Embryo und Fötus haben in dieser Phase außer der körperlichen auch eine seelisch-geistige Existenz, die Eindrücke über Körper und Seele der Mutter empfängt und eigenständig verarbeitet. Leib und Bewußtsein reifen auf die Geburt zu, die das nächste, bedeutende Stadium des Werdens darstellt. Diese Geburt wird ein Glied in einer Kette von Wiedergeburten sein. Die Sensorien des werdenden Kindes erfassen viel mehr als allgemein in Naivität angenommen wird. Die vorgeburtlichen Erlebnisse sind intensiv und weitreichend, weil „Bewußt-sein“ immer bestand. Die körperliche Loslösung des Kindes vom Mutterleib ist ein prägendes Bewußtseinserlebnis für Kind und Eltern, über das, als „Eintritt in die Welt“, viel geschrieben wurde und geschrieben wird. Nach der Geburt ändert und erweitert sich die bewußtseinsgesteuerte Wahrnehmung des Kindes fortlaufend.

Muladhara-chakra trägt eine elementare, trieborientierte Signatur.

Das Kleinkind strebt zunächst nach Befriedigung des Bedürfnisses nach lebenswichtiger Nahrungsaufnahme einerseits und lustbetonter Ausscheidung andererseits. Erfahren und Erkennen eigener Aktivitäten und der Reaktionen der Umwelt darauf schaffen menschliche und sachliche Bezüge. Essen, Trinken und Schlafen, später das Spiel, setzen Kleinkind, Eltern und Umgebung in Beziehung zueinander und ermöglichen erste Ansätze einer Identitätssuche. Von Instinkten gelenkt, wird das Neugeborene versuchen, sich in dieser Welt zurechtzufinden, Wurzeln zu schlagen in einer neuen Umgebung. Die Seele nimmt Anteil an diesen Vorgängen. Erfahrungen, die sich aus solchem Erleben ergeben, sind lustvoll, wenn sie Bedürfnisse befriedigen. Die Seele erfährt auf der Stufe des muladhara-chakra Leid, wenn vitale Ansprüche nicht erfüllt werden, wenn sich Widerstand ergibt. Werden trieb- oder antriebbedingte Wünsche oder Neigungen nicht befriedigt, kommt es auf dieser Ebene zu Angst oder Panik und entsprechenden Reaktionen in einer veränderten Motorik oder zu Lautäußerungen, etwa im Schreien. Die Seele registriert, und das Bewußtsein agiert auf der emotionalen Stufe des muladhara. Es bilden sich Prägungen, die das weitere Leben begleiten. Bei der Bildung des Emotionalen, des Gefühlslebens und des seelischen Grundes, kommt der Liebe, die das Neugeborene und der heranwachsende Mensch erfahren, ganz besondere Bedeutung zu. Liebesbezeugungen oder Liebesentzug bestimmen den Grad der Verwurzelung und damit der Beheimatung, die ein neugeborenes Wesen in dieser Welt finden und erleben kann. Dem muladhara eignet grundsätzlich Unbewußtheit. Und so verläuft das Erleben auf dieser Stufe entsprechend wenig bewußt.

Liebe wird spontan wahrgenommen, sie ist für die Seele Balsam und Nahrung. Liebe bringt Wärme in das Leben, das sich entfalten soll. Mangel an Liebe oder gar Ablehnung eines Lebewesens, das seinen Weg in die Welt sucht, schaffen einen emotionalen Grund in der Seele, der Nährboden für Frustrationen, Konflikte und Erkrankungen sein wird. Aus dem Dunkel des muladhara heraus wächst schon früh, durch die Umwelt geprägt, ein Bewußtsein, das die empfangenen Eindrücke registriert, verarbeitet und auf den Weg ins Leben mitnimmt. Erfahrene und empfangene Harmonien oder Störungen, die in die Unbewußtheit auf dieser Chakrastufe eingeflossen sind, werden nicht ausgelöscht werden können. Sie harren der Aufarbeitung in der Phase, wo sie bewußt werden, wenn die Persönlichkeit tragfähig geworden ist. Anderenfalls bleiben die Störfaktoren erhalten und beeinträchtigen den Lauf der Entwicklung.

Erfahrene Liebe pflanzt Liebe fort und ermöglicht der Seele eine harmonische Entfaltung. Wer die naturgegebenen Bedürfnisse und Ansprüche, die Lebensnotwendigkeiten im muladhara-chakra nicht leben und ausleben kann, wird in diesem Dunkelbereich fixiert bleiben. Die Verhaftung in einem Chakrabereich dauert so lange, bis dessen Signaturen gelebt und erlebt das Bewußtsein erfüllen und ein Weitergehen möglich machen.

Svadhishthana-chakra

Dieses chakra ist im Beckenbereich zwischen muladhara und manipura lokalisiert. Physiologisch entspricht es dem plexus hypogastricus. Das svadhishthana bildet mit dem muladhara eine Funktionsgemeinschaft und arbeitet im Sinne des apana (eine Art des prana), das eine absteigende, nach unten drängende Tendenz hat. Diese Apana-Tendenz steht für Verdichtung und Ausscheidung, um Abbau und Entsorgung von im Körper anfallenden Giftstoffen zu gewährleisten. Betroffen sind Stoffwechselrückstände jeder Art, Toxine und Schlacken, die als Abfallprodukte aus dem Organismus ausgeschieden werden müssen, wenn sie ihn nicht belasten oder gar vergiften sollen. In diesem Verdichtungs- und Reinigungsprozeß spielt das Wasser eine große Rolle. Als Organe sind die Nieren und die Blase ebenso beteiligt wie der Darm, die Haut und die Lunge, die alle Apana-Funktionen versehen.

Derselben Abbau- und Reinigungstendenz unterliegen seelische und emotionale Inhalte, die den Menschen belasten würden, bestünde nicht die Möglichkeit, sich ihrer zu entledigen. Es handelt sich um feinstoffliche Apana-Prozesse der Entsorgung, die einer Psychokatharsis gleichkommen. Seelische Komplexe und Krankheiten des Geistes dürfen einen gewissen Pegelstand im Unbewußten wie auch im Bewußtsein nicht übersteigen, wenn sie nicht problematische Folgen in der Persönlichkeit auslösen sollen. Ein Regulativ ist im svadhishthana gesetzt, das eine psychische Balance herstellen kann. Die karmische Steuerung ist ständig mit im Spiel, und zwar in dem Sinne, daß ein gewisser Leidensdruck gemäß der Belastbarkeit der Persönlichkeit dafür sorgt, daß der Mensch an sich arbeitet. Das karmische Gesetz ist ein Förderungsgesetz, das dem Menschen wichtige Erkenntnisse vermitteln kann. Das karma registriert Gut und Böse und setzt entsprechend die Aufgaben für die Lebensgestaltung, die zur inneren Reifung erforderlich sind.

Fehlsteuerungen im Physischen wie im Psychischen sind karmisch mitbedingt und drängen den Menschen zu einer intensiveren Auseinandersetzung mit sich und der Welt. Das aktuelle karma mischt immer mit und kann oft unverzüglich seine Akzente setzen.

Wir müssen in der Meditation die vermeintlich positiv und negativ anmutenden Lebenssituationen immer wieder nach diesen Gesichtspunkten hinterfragen. Das beschleunigt den Prozeß der Persönlichkeitsreifung wesentlich.

Mit den im materiell-körperlichen Bereich anfallenden Abbauprodukten des Stoffwechsels vermag das svadhishthana unter „normalen" Umständen fertig zu werden und den Abbau zu bewerkstelligen. Fehlsteuerungen führen zu Vergiftungen des Blutes und der Organsysteme und damit zu mehr oder weniger schweren Erkrankungen und zu Immunschwächen. Weitverbreitete und nicht ungefährliche Fehlfunktionen des apana sind die Stuhlverstopfung, zu schwache oder zu starke Menstruation, Impotenz und Frigidität.

Vermag der Mensch seine Probleme nicht zu bewältigen, verdrängt er seine Schwierigkeiten, steigt der Leidensdruck bis an die Grenze des Erträglichen. Es kommt zu Fehlreaktionen, Fehlverhalten, Depressionen und Neurosen. Svadhishthana ist somit als Funktionsbereich zu sehen, der einerseits eine Giftentsorgung und andererseits eine Konfliktbewältigung ermöglicht.

Als Ganzes gesehen stellen muladhara- und svadhishthana-chakra (apanabetont), das Gleichgewicht zu den Prana-Funktionen anderer chakras her. Ordnung und Harmonie sind nie voll existent, sondern werden dauernd von polaren Kräften angestrebt. Wir können solche Grundbestrebungen des Organismus erkennen und stützen, um eine optimale Gesundheit zu gewährleisten. Dazu müssen wir laufend aktive Beiträge leisten. Die Chakra-Arbeit in der Meditation ist ein vorzügliches Mittel, die Balance herzustellen.

Die hormonelle Projektion im svadhishthana-chakra korrespondiert mit den Funktionen von Nebennierenrinde und Nebennierenmark. Cortison, Hydrocortison und Ableitungen davon stehen im Zusammenhang mit dem Blutdruck und den Blutgefäßen, dem Haushalt der

Kohlenhydrate und des Wassers. Chemismen, Bioenergie und andere Impulse leihen dem svadhishthana-chakra Programme und geben Anstöße zu den beschriebenen Ausscheidungsaufgaben. Es handelt sich um ein komplexes Zusammenspiel im Funktionsverband der chakras zu einem lebenswichtigen Gesamtkonzept.

Wenden wir uns nun dem Menschen und seiner Bewußtseinsbildung im svadhishthana-chakra zu. Psychologisch gesehen ist es hochinteressant, diesem geistigen Weg durch die chakras und den prägenden Kräften auf die Seele zu folgen. Es handelt sich dabei um eine Individualpsychologie ganz eigener Art, um eine Bewußtseinspsychologie, wie sie bis jetzt im Westen in Verbindung mit den chakras kaum bekannt ist. Sie ist in Verbindung mit den karmischen Prozessen und im Hinblick auf die Persönlichkeit des heranwachsenden Menschen aktuell und neuartig. Der psychologische Prozeß, der beim Menschen zur Ich-Bildung führt, beginnt in den Kleinkindjahren. Die Identitätsfindung des Kindes, später des Jugendlichen, ist Voraussetzung für die geistige Selbstfindung und die angepaßte Entwicklung der Persönlichkeit. Auf dieser geistigen Basis wird später die Verwirklichung des Selbst möglich werden. Das Selbst löst das Ich ab, wenn der Bewußtseinsprozeß bis in die spirituellen Bereiche voranschreitet.

Wie kommt nun eine Identifikation mit dem Ich in den ersten Lebensjahren zustande? Im muladhara ist die Chance der Ich-Findung angelegt. Im svadhishthana lebt das Kleinkind in der Geborgenheit seiner kleinen Umwelt. Es ist abhängig von Bezugspersonen in der Familie. Es erforscht die nächste Umgebung, die sich allmählich weitet. Über seine Sinne macht es Erfahrungen, hat Kontakte und Begegnungen. Diese menschlichen und dinglichen Erfahrungen sind zunächst noch unreflektiert, frei vom Ich-Denken. Das Kind empfindet sich mit seiner Umgebung noch als Einheit. Diese Einheit löst sich nach wenigen Lebensjahren bereits auf. Dann nämlich, wenn das Ich erfahren und empfunden wird als etwas, das einem anderen gegenübersteht und lebt. Ein eigenständiges Ich-Wesen steht in seiner Umwelt und denkt über das Ich jetzt auch nach. Ein Rückbezug findet statt, Reflexion setzt ein.Entfaltung aus der erdhaften Waagrechten in die geistorientierte Senkrechte, aus dem ruhenden Dunkel zum Licht, das sind Drang und Zwang des Lebendigen. Wie sich die Pflanze aus dem erdgeborgenen Keim zum Licht erhebt, so richtet sich das Menschenkind auf, wenn ihm dazu die Kraft zuwächst. Das Aufrichten ist eine symbolträchtige Geste, ein echt menschliches Ereignis. Das Sichaufrichten im Svadhishthana-Bereich ist denn auch Verpflichtung in den geistigen Bereich aufzusteigen und das Privileg wahrzunehmen, ein geistiges Wesen zu werden.

Sich auf der Basis des muladhara-chakras aufzurichten und auf dieser Basis sich selbst und die Welt zu ver-stehen, das ist ein menschenwürdiger Prozeß, der ins svadhishthana-chakra führt. Aufstehen und ver-stehend wahrnehmen, das ist hier der Fort-Schritt. Im Bewußtsein formen sich neue Aufgaben und Erkenntnisse. Der „Homo faber" ist im svadhishthana-chakra zur Welt gekommen. Seine Hände sind, dank der stehenden Haltung, frei geworden, menschliches Werk zu tun. Sie sind befähigt, darzustellen, was der Geist ihnen eingibt: Reproduktives und Kreatives gemäß den Begabungen.

Der Mensch wird seinen Standpunkt suchen, vielleicht einen senkrechten, der es ihm erlaubt, negatives karma zu meiden, positives karma zu mehren. Senkrecht steht der Mensch im svadhishthana in den Gesetzen von yama und niyama, und er wird diese Qualitäten auf dem Stufenweg durch die chakras in seinem Tun und Lassen Wirklichkeit werden lassen. Eine Entwicklung in Harmonie und in Frieden kann sich durch die gesamte Chakrareihe hinziehen und den Menschen reich machen. Wer sich im svadhishthana-chakra zu einem rechten Leben erhebt und sich vom Rechten leiten läßt, wird von höheren Mächten geführt. Hat sich der heranwachsende Mensch in der Welt niedergelassen und aufgerichtet, und gelingt es ihm in späteren Jahren die moralische Unverdorbenheit des Kindes unverfälscht beizubehalten, dann kann er eine Identität finden, die ihn in Frieden und Zuversicht leben läßt. Im svadhishthana-chakra bildet sich das Ich-Bewußtsein. In diesen Signaturen wird das Ego stark.

Es ist darauf zu achten, daß das Kind in seinem Ego bestärkt wird und in seinem Ich Bestätigung findet. Die Identität, die hier gefunden werden soll, kann in der Senkrechten und in der Standfestigkeit verwirklicht werden. Bezug zum Ich, Ich-Bezogenheit, darf die Identität Heranwachsender prägen, sie macht sie in der Welt sicher. Dieser Sicherheit bedarf der Mensch, er muß sich bestätigt fühlen, wenn er seinen Weg gehen soll.

Im Gang durch die Chakrareihe wird das Ich allmählich dem Selbst weichen; dann, wenn der Mensch dafür bereit und empfänglich wird, wenn er eine geistige Identität zu suchen beginnt. Jede Signatur in den chakras muß auf der entsprechenden Stufe erkannt und gelebt werden, damit sich daraus eine nächste Stufe entwickeln kann.

Manipura-chakra

Der plexus epigastricus sitzt physiologisch gesehen im manipura. Er ist ein Komplex von Organen, die der Verdauung dienen. Dieses chakra ist sowohl physiologisch wie psychologisch ein Mittelpunkt. Der plexus beherbergt den Magen, Anteile von Dünn- und Dickdarm, die Leber mit Gallenblase und die Bauchspeicheldrüse (Pankreas). Das Pankreas kennzeichnet das manipura dadurch, daß es als innersekretorische Drüse funktioniert und den Zuckerstoffwechsel des Körpers steuert (Insulin, Glukagon). Das Pankreas liefert aber auch exkretorische Verdauungssäfte an den Magen und hat somit eine Doppelfunktion. Die innersekretorischen Hormone werden im Körper über die Blutbahn transportiert. Der Sauerstoff des Blutes wird durch Hormone im Organismus wirksam. So entsteht über die Blutflüssigkeit ein enges Zusammenwirken innerhalb der Drüsen, die Hormone produzieren. Im feinstofflichen Bereich erzeugen die Hormone je nach ihrer Zusammensetzung Schwingungen, die sich energetisch im Körper auswirken. Die Funktion des manipura-chakras im Gesamtverband aller chakras ist schwerpunktmäßig gegeben durch die Hormonproduktion des Pankreas und die Aufbereitung von prana der Erde als Spurenelemente und Vitamine, sowie durch die Funktionen des Magens mit seinen „Hilfsbetrieben“. Das manipura als „Mitte“ ist durch weitere Faktoren gekennzeichnet. Man darf sagen, daß manipura ungefähr in der Mitte der Wirbelsäule liegt und daß es von den fünf Wirbelsäulen-Chakras das mittlere darstellt. Manipura ist also eine statische und qualitative, aber auch eine energetische Mitte zwischen dem negativ gepolten Apana- und dem positiv gepolten Prana-Bereich. Der Solarplexus sorgt mit dem vegetativen Nervensystem dafür, daß im Grobstofflichen Leitbahnen verfügbar werden, die regulierende Impulse auf die Organsysteme übertragen.

Befassen wir uns nun mit dem Bewußtsein des Menschen im

manipura-chakra und seiner weiteren Entwicklung. Das Fortschreiten auf die Stufe des manipura bringt wachsende Erkenntnis über sich selbst und das Ich in dieser Welt. Die Identitätsbildung verlangt seelisches und geistiges Engagement und Standfestigkeit. Die volle körperliche Reife stellt sich ein und Beziehungen zum anderen Geschlecht werden wichtig. Die Welt wird mit ihren Freuden und Leiden erfahren, das Leben mehr oder weniger verstanden und gemeistert. Man möchte als erwachsen und entscheidungsfähig betrachtet werden, wird aber von der Umwelt oft anders gesehen und eingeschätzt. Das Hier- und So-Sein in dieser Welt bildet einen wesentlichen Anteil der Identifikation. Die Selbstdarstellung schiebt sich in den Vordergrund und fordert Anerkennung.

Daß Pubertierende eine schwierige Phase durchmachen, die zur äußeren und inneren Unabhängigkeit führen soll, muß gesehen und verstanden werden. Bei Unterdrückung oder falscher Qualifikation in dieser Entwicklungsperiode setzen sich im jungen Menschen, gerade in dieser Zeit, bewußte und unbewußte Widerstände und Probleme der Welt und Umwelt gegenüber fest. Das Gerechtigkeitsgefühl funktioniert in diesem Alter viel zu fein, als daß es sich ohne weiteres unterdrücken oder fehlleiten ließe. Einseitige psychologische Fixierungen auf der Stufe des manipura sind häufig und führen zu seelischem Fehlverhalten. Anstatt als „Erwachsener" aus der Phase der Ich-Bezogenheit entlassen zu sein, klammern sich zahlreiche Menschen an das Ich, bleiben egozentrisch mit allen negativen Auswirkungen auf ihr Verhalten im Alltag. Ihr Lebenszweck erschöpft sich auf einer anspruchslosen Stufe. Solche Menschen gehen mit einer geistigen Unreife durch das Leben, die ihnen wie ein Hemmschuh anhaftet, jede Entwicklung bremst oder unmöglich macht. Sich in der Welt als Leib und Seele niederzulassen, fordert ein Bewußtsein der Ganzheit. Der geistige Mensch ist erst dann im Körper Wirklichkeit geworden.

Die vorwiegend leibbezogene Wirklichkeit wandelt sich zu einer Wirklichkeit der Seele, wenn die Signaturen des manipura erfüllt sind. Bewußtheit in der Seele bringt in ein Leben die eigentlich menschlichen Qualitäten ein: Sensibilität, Fühlsamkeit, Ein- und Mitfühlen, inneres Erleben und Leben. Das führt zu einer erweiterten Wahrnehmung der inneren und der äußeren Welt und damit zu einer vertieften Erlebnisfähigkeit mit dem feinen Sensorium der Seele.

In der Drei-Einheit sind Körper, Seele und Geist zum Ganzen vereint. Es wird in der Entwicklung der Persönlichkeit im manipura und in den weiteren Stufen eine Ausgestaltung von Eigenschaften nötig, ein Bewußtseinsprozeß gefordert, der den Menschen in diesen Wirklichkeiten verankert. Die Entwicklung läuft in die Richtung einer Vergeistigung des Menschen. Im manipura wird eine Öffnung des Bewußtseins im Sinne einer Reifung der Persönlichkeit möglich. Die Ich-Bezogenheit wird schwächer zugunsten einer sozialen Haltung, welche die Umgebung stärker in das eigene Leben einbezieht. Verzicht auf eigene Ansprüche ermöglicht mehr Zuwendung in Partnerschaften. Die Identitätsbildung fordert nun ein seelisches und geistiges Engagement, das höhere Anforderungen stellt.

Es wird der Körperlichkeit in der Regel viel mehr Aufmerksamkeit zuteil als etwa der Seele und den geistigen Ansprüchen. Annehmlichkeiten werden im Leiblichen gesucht und erfahren. Die seelische Befindlichkeit wird oft erst dann wahrgenommen, wenn sie unter Druck gerät und sich - etwa bei einem Leiden - Unbehagen einstellt. Im manipura zeichnet sich eine Wende in den Schwerpunkten der Zuwendung ab. Der Leib ist wohl zu beachten, Seele und Geist müssen aber in das Leben einbezogen und gepflegt werden. Aus dieser Wandlung ergibt sich ein neues Selbst- und Fremdbewußtsein.

Einer derartigen Entwicklung stellen sich oft Widerstände im eigenen Inneren entgegen. Ist Verzicht gefordert und ein Abrücken von liebgewordenen Bequemlichkeiten verlangt, dann ist der Mensch oft nicht dazu bereit. Damit bleibt es bei der Fixierung auf dem bisherigen Stand des Bewußtseins und der Persönlichkeitsentwicklung.

Es mag von Interesse sein zu erfahren, daß die Akupunkturlehre im Bereich des manipura-chakras das „Meer der Meridiane“ kennt. Hier fließen Energien von Yin und Yang zusammen. Es ist das Bild von Flußläufen, die sich ins Meer ergießen. Das wäre eine gewaltige Vereinigung von Kräften, die Einung von polaren Energien im großen, alles umfassenden Ozean. Und von hier aus werden die Kräfte wieder lebenspendend ihren Weg suchen. Das manipura ist auch der Platz des Solarplexus, des Sonnengeflechtes, das symbolisch dem Bild des Ozeans ähnlich ist, indem sich die Energien von Yin und Yang vereinigen. Im Solarplexus laufen zahlreiche Bahnen des vegetativen Nervensystems zu einem Geflecht zusammen, das in der Steuerung vitaler Prozesse lebensnotwendig ist.

Wer sich die Voraussetzungen geschaffen hat, um sich im manipura-chakra niederzulassen und sich auch bei selbstkritischer Prüfung hier am richtigen Ort erfährt, der hat viel erreicht auf dem geistigen Weg. Die Forderungen der Einsicht, Weitsicht und Übung, die nach dem Erreichen dieser Stufe an den Menschen gestellt werden um sein Leben zunehmend im Sinne des Achtfachen Pfades des Patanjali zu gestalten, liegen im Bereich des Menschen, der alle hierzu erforderlichen Begabungen mit der Geburt bekommen hat. Die Geburt, die sich jetzt abzeichnet, wird eine geistige, eine zweite Geburt sein.

Anahata-chakra

Physiologisch gesehen wird dieses chakra dem plexus cardiacus zugeordnet. Herz und Blutbahnen bilden ein sowohl zentrales wie auch peripheres System. An zentraler Stelle des Körpers findet sich das Herz. Es erbringt täglich eine gewaltige Leistung als Pumpe für den Transport des Blutes. Das Blutgefäßsystem funktioniert als Verteilersystem bis in die Körperperipherie, nimmt das Blut auf und gewährleistet die Versorgung von Organen, Geweben und Zellen. Die Herztätigkeit kann den Yin-Yang-Funktionen des Organismus zugerechnet werden. Es arbeitet zwischen diesen beiden Polen ohne Unterbrechung. Die Phase des Zusammenziehens der Herzmuskulatur ist die aktive Yang-Phase, die Systole. Sie treibt das Blut in den Kreislauf. Die Diastole ist eine Yin-Phase, gewissermaßen die Lösung der Herzmuskulatur. Das Blut ist aus der Sicht der Akupunktur Yin. Die Blutflüssigkeit ist Träger lebenswichtiger Elemente wie Sauerstoff, Hormone und prana. Das Herz-Kreislaufsystem als physiologisches Kommunikationssystem verbindet das Ganze mit seinen Teilen.

Dem Schwerpunkt Herz und seinen Funktionen stelle ich einen ebenfalls bedeutenden funktionellen Akzent gegenüber: die Thymusdrüse. Sie befindet sich über dem Herzbeutel und kann meiner Ansicht nach mit dem sekretierten Wachstumshormon als die hormonelle Projektion des anahata-chakras betrachtet werden. Die Bedeutung der Thymusdrüse ist wenig erforscht und gerade im feinstofflichen Bereich nicht annähernd gewürdigt. Die medizinische Forschung hat festgestellt, daß die Thymusdrüse ihre Hauptaufgabe während der Wachstumsphase des Menschen erfüllt, dann zunehmend verkümmert und ihre Funktion einstellt. Als Trägerin feinstofflicher Projektionen im anahata-chakra ist sie, nach meiner Auffassung, ganz wesentlich an der geistig-seelischen Entwicklung der Persönlichkeit und ihrer Immunreaktionen beteiligt. Wachstum und Entwicklung, die im Physischen von der Aktivität der Thymusdrüse abhängig sind, finden auch im Seelischen statt. Hier kann der Mensch über die Schwelle des Ich, der Egozentrizität, hinauswachsen zum Du. Der Weg zum Du umfaßt körperliches und seelisches Wachstum. Dies nicht nur während der Pubertät, sondern ein Leben lang.

Im Herz-Chakra verschränken sich als Symbol zwei Dreiecke ineinander, die das Bild eines sechseckigen Sterns ergeben. Das männliche Prinzip als Dreieck mit der Spitze nach oben und das weibliche Prinzip als Dreieck mit der Spitze nach unten sind miteinander zur Einheit verschmolzen. Die volle Integration und Einschmelzung weiblicher Seelenanteile im Mann und männlicher Seelenanteile in der Frau sind Voraussetzung für eine individuierte Persönlichkeit.

Wer echte Selbstverwirklichung sucht, wird zu einer vertieften Selbsterforschung angehalten, die einen psychischen Reifungsprozeß erfordert. Der Frau ist aufgetragen, ihren männlichen Seelenanteil anzunehmen, und der Mann wird sich über seine weibliche Seite klar werden müssen. Hierzu ist Licht in das Dunkel des Unbewußten zu bringen, sei es in der Meditation oder in psychoanalytischer Arbeit. Das anahata-chakra birgt die Möglichkeit das dunkle Unbewußte mit dem hellen Bewußtsein zu durchdringen und zur Einung zu bringen. Dies zeigt sich im dargestellten Symbol als Andeutung des inneren Weges.

Der Weg der Selbstverwirklichung ist schmal und steil geworden, und es sind entsprechend wenige, die ihn gehen wollen und können. Wer als Folge einer intensiven Auseinandersetzung mit sich und der Umwelt bewußtseins- und verhaltensmäßig auf der Stufe des anahata-chakras steht, wird durch Beispiel und Handeln wertvolle menschliche Qualitäten weitergeben. Solche Menschen haben eine charismatische Ausstrahlung, die wahrnehmbar ist, sie verbreiten ein wohltuendes Fluidum. Harmonie und Hilfsbereitschaft, die ihr Inneres kennzeichnen, werden sich in menschlichen Beziehungen auswirken und Früchte tragen. Das Herz von Menschen, die sich im anahata-chakra gefunden und verwirklicht haben, ist geöffnet. Einem offenen Herzen entspringt spontan und natürlich Herzlichkeit: „So bin ich und so bist du - was haben wir einander zu sagen und zu geben?“ Das ist ein herzhaftes Zeugnis echter Menschlichkeit. Die Öffnung des Herzens ist ein Akt der Liebe ohne Rückhalt und Vorbehalt, sie ist echte Menschlichkeit; eine Menschlichkeit, die in der Hektik des Alltags und im Eigennutz unterzugehen droht.

Selbstverwirklichung im anahata-chakra ist Selbstverwirklichung in der Liebe in ihren vielfältigen Formen. In der Liebe kann der Mensch sich selbst und den Nächsten finden. Menschen mit innerer Größe haben ihr Selbst in der Liebe verwirklicht und das gelebt und gelehrt, was sie im Herzen erfahren haben. Heilige und Weise lebten und leben in Nächstenliebe. Jesus ist den Weg der Liebe bedingungslos gegangen und hat ihn durch Vorleben und Lehre den Menschen aufgezeigt. Die Bergpredigt und die christlichen Gebote zeugen davon. Mystiker aller Zeiten, auch der heutigen Tage, fanden und finden sich im Herzen geborgen in Gott, dem Höchsten. Ihr Weg ist Hingabe in der Liebe zum Menschen und zur Kreatur, Gebet und Meditation.

Im Herzen als Ort der Liebe und Hinwendung kann der Mensch Geborgenheit und Frieden erfahren. Die Meditation im anahata-chakra schenkt zahlreichen Menschen eine Verinnerlichung mit hohem spirituellen Gehalt. Wo im Herzen Liebe stark wird, lebt die Seele in Freiheit auf. Aus einem reinen Herzen heraus wird die Seele fähig und bereit zu einer echten religio zum Mitmenschen und zu Gott.

Liebe ist eine starke Naturkraft, die in das Leben einbezogen werden muß, wenn der Mensch wachsen will. Ohne Liebe kümmert die Seele und hindert den Menschen an seiner inneren Entfaltung. Wer keine Liebe geben kann oder mag, wird auch keine Liebe empfangen, und ein Leben ohne Liebe ist ein Leben in seelischer Einsamkeit. Liebe sorgt für den Fortbestand des Menschengeschlechts, indem sie Frau und Mann zusammenführt und eins werden läßt, um das „Dritte“, das Kind zu zeugen. Wird in der körperlichen Liebe die Hingabe an den Partner in dem Sinne wahr, daß geben seeliger ist denn nehmen, daß in der Vereinigung das Bedürfnis sich hinzugeben stärker ist als die reine Befriedigung des Triebes, dann erfüllt sich das Gesetz der spirituellen Liebe.Überwiegt der Trieb zur Befriedigung eigener Lust, ist der Mensch im muladhara-chakra fixiert geblieben und nicht zu einer echten Liebesbeziehung herangereift. Wenn keine seelischen Inhalte in eine Liebesbeziehung eingebracht werden, wird diese kalt und arm bleiben und keine geistigen Werte aufbauen.

Wo immer sich Menschen in Liebe finden und helfen, leben sie in den Signaturen des anahata-chakras. In der Meditation das Herz-Chakra öffnen heißt, sich dem Du im Nächsten zuwenden und damit die tiefe Rückbindung an das große Eine, den Schöpfer, zu erkennen und zu leben.

Vishuddha-chakra

Aus physiologischer Sicht gehört dieses chakra zum plexus cervicalis und wird dem „Atmungszentrum“ zugeordnet. Grobstofflich gesehen nimmt der Mensch über die äußeren und inneren Atmungsorgane die Atemluft der Atmosphäre in sich auf. Der Atmungsapparat mit Nase, Luftröhre, Lunge, Brustkorb, Zwischenrippenmuskulatur und Zwerchfell versieht dabei eine sehr komplexe Lebensfunktion.

Beim Ein- und Ausatmen spielen sich energetische und bioelektrische Prozesse im Organismus ab, die maßgeblich am Aufbau des Prana-Körpers beteiligt sind. Bei Ein- und Austritt des Atemstroms wird innerhalb der Luftwege und besonders im Bereich des vishuddha Reibungselektrizität erzeugt. Elektrische Aufladung des Energiekörpers und der bioplasmatischen Zellstrukturen sowie Aufbau und Erhaltung des Prana-Körpers sind wesentliche Ergebnisse des Atmungsvorgangs. Seine hormonelle Charakteristik erhält das vishuddha-chakra durch die Zuordnung von Schilddrüse und Nebenschilddrüsen. Das jodhaltige Hormon Thyroxin der Schilddrüse und die Hormone Parathormon und Thyreocalcitonin der Nebenschilddrüsen werden über die Blutbahn für den Organismus verfügbar. Sie haben Einfluß auf Organfunktionen, den Gesamtstoffwechsel, das Wachstum und die Intelligenz des Menschen.

Die Hormone der Schilddrüse und der Nebenschilddrüsen funktionieren im Sinne einer Waage, die zwischen Extremen die Mitte zu halten versucht. Störungen der Schilddrüse ziehen unverzüglich Störungen anderer Hormonsysteme nach sich, die oft nur schwer wieder reguliert werden können. So wirkt sich die enge Verknüpfung der Schilddrüsenfunktion mit dem Vegetativum stark auf den psychosomatischen Bereich aus. Die sogenannte vegetative Dystonie ist eine Störung, die als Entgleisung des autonomen Nervensystems zu sehen ist. Sie zeigt einen Untertonus an, einen Energiemangel, der sich sowohl körperlich als auch seelisch als schwankende Kräftebilanz darstellen kann. Schilddrüsenstörungen können sich auch auf die geistige Tätigkeit des Menschen auswirken. In vielen Fällen ist die Hormonsekretion gestört, was eine Verminderung der Intelligenz (Kretinismus) wie auch eine Steigerung der Intelligenz im Sinne vermehrter geistiger Anregung oder Kreativität bewirken kann.Eine Überfunktion der Schilddrüse stimuliert den Symphatikus und steigert die Aktivitäten des Organismus. Dies zeigt sich als Stoffwechselbeschleunigung, wie etwa starkes Schwitzen, Durchfall und zahlreiche Störungen anderer Drüsenfunktionen oder auch im psychosomatischen Bereich als Nervosität, Reizbarkeit und Schlaflosigkeit. Eine Schilddrüsenunterfunktion bremst über den Parasymphatikus die Lebensvorgänge und bewirkt eine Verlangsamung des Stoffwechsels, eine Lähmung der geistigen Aktivitäten. Seelische Niedergeschlagenheit, Hemmungen und Ängste mit allen damit verbundenen physiologischen Auswirkungen können die Folge sein. Die Bewußtseinsbildung im vishuddha stellt einen Wendepunkt dar, der neue Werte und Wertungen bringt. Das geistige Streben überwächst das Materielle und steht nun im Vordergrund.

Das Bewußtsein des Menschen auf dieser Chakra-Stufe äußert sich als „So bin ich in dieser Welt“. Eine Identitätsfindung und Selbstdarstellung ist notwendig in der materiellen Welt der Familie, der Gesellschaft, des Berufes, aber auch in der sozialen Welt mit starken geistigen, ethischen und spirituellen Bezügen. So können die künftigen geistigen Erfahrungen ins Bewußtsein aufgenommen werden.

Das „So bin ich in dieser Welt“ ist eine erstaunlich bewußtseinszentrierte Erkenntnis des Menschen. Die Chance der Einordnung des Menschen in das Ganze kann ihm als Basis dienen, um sich auch in der geistigen Welt seinen Ort zu suchen und zu erarbeiten. Ohne einen festen Bezugspunkt in dieser Welt findet sich auch kein Bezugspunkt zur geistigen Welt, der tragfähig sein kann. Nur der reale Mensch ist in der Lage gleichzeitig ein Mensch im Transzendentalen zu werden und zu bleiben. Dieses Hier und Dort ist gewissermaßen Polarität, die das Bewußtsein des Menschen erfüllen muß, wenn er ein Wesen beider Welten sein soll.

Der ganze Mensch und seine Aufgabe in dieser Welt finden Ausdruck durch das vishuddha-chakra. Der Mensch hat durch das vishuddha die Möglichkeit sich nach außen durch seine Haltung und durch seine Taten darzustellen. Der sprachliche Ausdruck, als Mitteilung oder als künstlerische Äußerung, hat seine Signatur im Hals-Chakra. Die Möglichkeiten, die dem Menschen durch das Wort und seinen Gebrauch gegeben sind, sind unermeßlich und gewaltig.

Das Bewußtsein im vishuddha sucht seine Zuordnung in vielfältigen Beziehungen familiärer, gesellschaftlicher, beruflicher, kultureller oder religiöser Art. Weltflucht führt nie zu einer integrierten Persönlichkeit und zur Selbstverwirklichung. Das Bewußtsein ist und bleibt immer eingebunden in die reale und in die geistige Welt. Der Weltfremde wird immer größte Mühe haben, eine wirkliche Vergeistigung zu erlangen, weil ihm der Bezug zur Realität fehlt.

Die Prägungen, deren die Individuation auf dieser Stufe bedarf, sind im vishuddha-chakra vorgegeben. Eine Blockade in diesem chakra behindert die Erkenntnis, daß der Mensch zu jeder Zeit und überall Bürger der mit dem Verstand zu erfassenden Welt und gleichzeitig Bürger der geistigen Welt ist, die nur mit einem verfeinerten, spirituell ausgebildeten Sensorium intuitiv erfahren werden kann. Beide Welten sind immer und in jeder Sekunde des Lebens maßgeblich an der Gestaltung des Seins beteiligt.

Ohne ein integral entwickeltes Bewußtsein durch die vorangegangene Chakra-Arbeit bleiben die Zugänge zu höheren Erfahrungen und Erkenntnissen hermetisch verschlossen. Die Verschlüsselungen der chakras sorgen dafür, daß nur aufrichtig nach Wahrheit Suchende und Eingeweihte auf dem geistigen Weg vorankommen.

Die hohe Bewußtseinsstufe im vishuddha, das muß hier deutlich gesagt werden, erreichen wenige Menschen. Das Alltagsverhalten des im vishuddha bewußten Menschen richtet sich bedingungslos nach hochstehenden Wahrheiten. Die Gesetze von yama und niyama werden zwanglos aus innerem Bedürfnis gelebt. Zugunsten eigennütziger Absichten sind hier keine Kompromisse mehr möglich. Das persönliche karma wird auf dieser Entwicklungsstufe einen vorwiegend oder gar ausschließlich positiven Verlauf nehmen. Angesammeltes negatives karma baut sich ab. Das Denken in Gegensätzen wird durch meditative und synthetische Erkenntnisfähigkeit ergänzt, wodurch Konflikte vermieden werden. Partnerschaften kommen auf geistiger Ebene zum Tragen. Liebe wird zur echten Nächstenliebe, frei von egoistischem Besitzergreifen. Das ganze Leben wird transparenter und tritt in die geistige Dimension ein. Meditation und Gebet haben ihren festen Platz im Alltag. Die Meditation schwingt jetzt in kosmischen Bereichen und verleiht eine weitgehende seelische Stabilität. Transzendentale Erfahrungen fließen in die Meditation ein.

Wer den geistigen Weg in sein Leben integriert, ihn zum Weg seiner Wahl macht, dessen Bewußtsein wird kein Alter kennen. Hier stagniert die geistige Persönlichkeit nicht in einer Entwicklung, die ihre Schwerpunkte im Physischen hat. Offen für Neues bleibt, wer seine Bestimmung im Geistigen erkannt und gefunden hat und bereit ist, in der Meditation das schöpferische Prinzip zu verwirklichen.

Der Aufstieg in den chakras bringt reiche innere und äußere Erfahrung als Folge einer Entwicklung der Persönlichkeit. Das Erreichen jeder Stufe hat intensive Auseinandersetzung mit umfassenden Problemen und Bezügen gefordert.

Das Ergebnis derart reicher Erfahrung hat nicht nur seinen Wert für den Menschen, der es in sich geschaffen hat, es ist auch wert, in der Welt zu leuchten. Was rein und klar ist, geläutertes Bewußtsein, wird sein Licht erstrahlen lassen in der Welt. Geläutertes Bewußtsein hat das Dunkel transzendiert und überwunden, es kann in klarer Erkenntnis dem Menschen Hilfe sein auf seinem Weg. Dazu bedarf er des Beispiels und der Unterstützung jener, die wissen, was hinter dem Dunkel, was hinter der oft erschreckenden Oberfläche steht. Ein Stand des Bewußtseins im vishuddha ist Selbstverwirklichung im Innen und Außen, die den Menschen über die Fährnisse des scheinbar Unberechenbaren der Existenz hinaushebt. Der Mensch soll sich im vishuddha darstellen, um sich selbst in seinem Handeln auf hohem ethischen Niveau bestätigt zu finden und um anderen den Weg zu zeigen, wenn sie ihn suchen. „So bin ich in beiden Welten", das mag Ausdruck eines Selbstwertempfindens und einer Selbsterfahrung auf dieser Entwicklungsstufe sein, die es rechtfertigt, zur Kenntnis gegeben zu werden. Wirklich und wirksam ist, was sich in Haltung und Tat bewahrheitet und äußert, was sich in der Welt darstellt. Dazu gibt vishuddha Kraft und Anlaß.

In diesem chakra ist dem Menschen das Wort gegeben, mit dem er sich äußert, also außen darstellt, was innen ist. Die Sprache ist ein wunderbares Werkzeug der Mitteilung. Im Wort „mit-teilen" wird sehr deutlich, was gemeint ist, nämlich mit jemanden teilen, was man hat. Im vishuddha ist nicht nur das Wort beheimatet, sondern auch die Geste, die den Gedanken in die Tat umsetzt. Auf dieser Stufe des Bewußtseins hat sich der Mensch aus Dunkelbereichen, aus der Hemmung, das zu tun, was richtig wäre, aus der Befangenheit sich mitzuteilen herausgelöst in die Freiheit, das Gute zu zeigen und weiterzugeben.

Der Weg in die Freiheit ist keine Flucht aus der Welt, sondern ein Weg mitten in die Welt hinein. In die Welt einzugeben, was man erfahren hat, ist eigentliche Pflicht und wird auf dieser Stufe auch Absicht jener, die hier angelangt sind. Es ist kein bequemer Weg und auch kein Weg für Bequeme. Es ist eine totale Herausforderung an die Gesamtheit der Kräfte und Möglichkeiten, die dem Menschen mitgegeben sind.

Im Bereich vishuddha wird das Weiterschreiten ins ajna-chakra erkennbar. Es öffnet sich die Sicht in die Welt des Transzendentalen. Empfindsamkeit und Intuition haben einen Stand der Entwicklung erreicht, der den Aufschwung zur Schau des Ganzen und Höchsten möglich macht.

Ajna-chakra und sahasrara-chakra

Dem ajna- und sahasrara-chakra sind Epiphyse, Hypophyse und Hypothalamus zuzuordnen, die, in der knöchernen Schädelkapsel geschützt, dem Gehirn angelagert sind. Epiphyse und Hypophyse sorgen gewissermassen als „Biostaten“ dafür, daß die Lebensprozesse im Gesamtorganismus möglichst optimiert werden können. Derart spezialisierte Aufgaben wie die Steuerung des Wärme- und Energiehaushalts, der bioelektrischen Zell-, Gehirn- und Nervenfunktionen, des pH-Wertes im Säure-Basen-Haushalt des Körpers, können nur von einer Zentrale aus funktionieren, die gesund und in Harmonie ist.

Die Hypophyse bildet im Zusammenspiel mit dem Hypothalamus verschiedene Hormone, die für die Steuerung und letztendlich für die Funktion der übrigen Hormondrüsen des Organismus von Bedeutung sind. Die zahlreichen und komplexen Resultate aus den Funktionen dieser Impulse und Regulationen sind kaum erfaßbar und beschreibbar und auch nicht vollständig erforscht. Ich beschränke meine Ausführungen daher auf die feinstofflichen und geistigen Bereiche. Das Licht und die damit verbundenen geistigen Einsichten, die Öffnung neuer Dimensionen, wie etwa jene des Transzendentalen, sind von besonderem Interesse.

Das ajna-chakra ermöglicht spirituelle Erfahrungen, die jenseits der groben Stofflichkeit liegen. Dieses sogenannte „Dritte Auge“, das an der Nasenwurzel zwischen den beiden sinnenbezogenen Augen sitzt, ist ein „Organ“ geistig-mentaler Erkenntnisfähigkeit. Wer hier Sicht erlangt hat, der öffnet dem Bewußtsein die übersinnliche Dimension der Raum- und Zeitlosigkeit. Meditierenden erschließt sich eine Erfahrungswelt, die frei von Denk- und Leistungszwängen ist. Einsichten in die Transzendenz, in das eigene

Wesen und die Identifikation damit, stellen sich mit der stufenweisen Öffnung des ajna-chakras ein. In dieser Phase ist die Meditation Instrument einer synthetischen Schau und bietet einen Ansatz zur Erfahrung der Ganzheit.

Hat die Kundalini-Kraft das ajna, das „Fenster zum Licht" erreicht, dann ergreift die Lichtwelt allmählich den ganzen Menschen. Nicht zufällig sind Epiphyse und Hypophyse heliotrop ausgerichtet, also einerseits von Licht-Dunkel-Effekten abhängig und andererseits Steuerungsorgane für entsprechende Hell-Dunkel-Schaltungen über das Nervensystem auf den Gesamtorganismus. Die Kopf-Chakras steuern den Tag-Nacht-Rhythmus allen Lebens. Wie weit hat sich unser instinktives Gespür von dieser inneren Uhr entfernt? Wie weit folgen wir den natürlichen Rhythmen von Tag und Nacht? Paßt sich unser Leben und Verhalten den Jahreszeiten an, die doch deutlich von der Natur gelenkte Phasen erkennbar machen? Was bleibt dem psychosomatischen Organismus anderes übrig, als Notschaltungen vorzunehmen, wenn wir die Nacht zum Tage machen, unseren Arbeits- und Ruhezyklus unphysiologisch gestalten, und dies ohne Rücksicht auf Verlust innerer Harmonie und körperlicher Gesundheit.

Die hochsensiblen chakras des Kopfes reagieren auf Reize der Außenwelt empfindlich. Licht mit unbiologischer Wellenlänge reizt die chakras. Sonnenlicht im Übermaß, aggressive Töne, körperliche Erschütterungen, Nikotin, Alkohol, Drogen, synthetische Hormone und chemische Medikamente aller Art schädigen derart empfindsame Funktionen. Die Folgen sind körperlicher und seelischer Streß und Disharmonien bis hin zu manifesten Erkrankungen. Der Mensch setzt sich, bewußt oder unbewußt, schädigenden Zwängen aus und arbeitet damit dem Entwicklungsprozeß, wie er in den chakras vorgesehen und programmiert ist, entgegen. Kein Wunder, daß die Zirbeldrüse (Epiphyse), die als energetischer Thermostat die Wärmeregulation des Organismus steuert, durch ständige, unnatürliche Reizsituationen in ihrer ausgleichenden Funktion gestört und auf Dauer überfordert wird. Kein Wunder auch, daß Hypophyse und Hypothalamus ihre Aufsichts- und Koordinationsaufgaben im Bereich der ihnen zugeordneten hormonellen Funktionen nicht mehr harmonisch versehen können. Es ist oft erstaunlich, wie der Körper Störungen im Gesamtorganismus über längere Zeiträume von selbst reguliert und dadurch ernsthafte Erkrankungen ausbleiben. Dauernde Überforderung durch zwanghafte Veränderung der natürlichen Lebensrhythmen bleibt über kurz oder lang nicht ohne Auswirkungen auf die chakras, auf Körper und Seele. Gerade die Kopf-Chakras sind solchem Dauerstreß nicht gewachsen.

Ich bezeichne das ajna-chakra als „Fenster zum Licht". Stößt die Kundalini-Kraft, die durch die vorangehenden chakras differenziert und vergeistigt ist, dieses Fenster auf, dann erschließt sich Meditierenden die geistige Welt. Die geistige Welt, die sie immerdar auf ihrem Weg durch das Leben umfängt, wird nun zur eigentlichen Heimat.

Psychologisch gesehen handelt es sich um den gewaltigen Einbruch eines Überbewußtseins in die Welt des Dunklen und Unbewußten. Es ist nicht unproblematisch, diesen Weg allein zu gehen. Ratsam ist es, sich von Zeit zu Zeit mit einer erfahrenen Lehrkraft zu unterhalten. Unter solchen Voraussetzungen sind die überwältigenden Erlebnisse in den einzelnen chakras wohl vorbereitet, trag- und ertragbar und die Folge eines äußeren und inneren Fortschreitens. Meditierende wollen ja schließlich eine Identität finden und auf dem Weg der individuellen Integration ihre Persönlichkeit vervollkommnen. Überraschungsmomente sind in jeder Phase der Entwicklung möglich und um so schwieriger zu bewältigen, als man unvorbereitet, ohne Belehrung und ohne Übung, damit konfrontiert wird. Schlußendlich ist die wirklich ernsthafte Arbeit an der eigenen Persönlichkeit nicht problemlos, auch dann nicht, wenn sie von einem Lehrer oder einer psychoanalytisch geschulten Fachkraft begleitet wird. Ein Leben ohne Risiko gibt es auch im geistigen Bereich nicht. Wo das Licht zunimmt und gewaltig wird, da bilden sich auch Schlagschatten des Dunklen deutlicher aus. Doch wachsen uns durch den Prozeß der Bewußtwerdung im ajna

Kräfte zu, die uns helfen, die dunklen Seiten des Lebens mutig und freudig anzunehmen.

Eines der gewaltigsten Lichterlebnisse im ajna ist die Erkenntnis, daß es im geistigen Leben kein Sterben gibt. Den Prozeß des Sterbens zunehmend furchtlos ins Bewußtsein zu rücken und sich damit auseinanderzusetzen, das ist eine Aufgabe, die uns das Leben stellt. Während des Lebens hat der Mensch die Möglichkeit, sich auf den Übergang in ein anderes Bewußtsein vorzubereiten. In der richtigen Erkenntnis über das Leben und Sterben erweist es sich, daß wir auf unseren irdischen Leib nicht mehr eng fixiert sind. Das Sterben ist ein geistiges Erlebnis, das über das Medium der Meditation schon während des Lebens transparent gemacht werden kann. Bis zu diesem Moment jedoch ist der Umgang mit dem Tod für viele Menschen in Dunkel, Angst und Schrecken gehüllt.

Es ist nicht möglich, Leben und Sterben voneinander zu trennen, außer mit Hilfe des Intellekts und des polarisierten Denkens, das für die enge Begrenzung in den rationalen und analytischen Bereichen verantwortlich ist. Der meditative Weg durch die chakras bringt auch hier Licht in das Dunkel, vereinigt das Yin mit dem Yang, setzt die Enge in Beziehung zur Weite und bringt das Bewußtsein auf eine höhere Stufe.

Wie weit das Licht, das ohne Anfang und ohne Ende ewig und immer da ist, in das Bewußtsein integriert wird, das ist eine Frage des persönlichen geistigen Entwicklungsstandes. Sahasrara ist, symbolisch gesehen, die höchste Stelle, wo der Mensch Brahman-Weisheit erlangen kann, wo shiva sich mit shakti vermählt. Hier öffnet sich das „Tor zu samadhi", zum Überbewußten, zum transzendentalen Erleben. Im Tausendblättrigen Lotos des sahasrara kulminiert das Bewußtsein des Menschen in höchster Lichthaftigkeit, in der Erleuchtung, im Samadhi-Zustand. Der aus der Materie befreite Geist, ewig eingebettet in den kosmischen Allgeist der Transzendenz, erlebt im Samadhi-Zustand einen Akt der Befreiung. Dieses Freiwerden von den leiblichen Bindungen an Materie, Zeit und Raum gehört zu den größten Ereignissen, die dem Bewußtsein des Menschen widerfahren können.

Das SELBST hat auf dieser Stufe das Ichhafte überwunden und leuchtet in seinem unendlichen Glanz, ohne Anfang und Ende. Hier ist der Mensch selbst das große Eine ohne ein Zweites. Dies ist ein Sein, für das es keine Worte gibt.

So ist es.

Licht, Farbe, Energie in den chakras

Die Weisen mögen vor langer Zeit die chakras visionär geschaut haben. Intuitive erfahren in den chakras eine Bildnerei einer mystischen Welt in der sie eine natürliche religio zu den Urkräften des Universums erleben. Die chakras reflektieren und manifestieren die lebenspendende Energie des Sonnenlichtes, das seit jeher mit seiner geheimnisvollen Kraft Menschen inspiriert hat. Ein meditativer Umgang mit den chakras kann innerhalb der traditionellen Lehre des Yoga zu subjektiven Erfahrungen führen, die im eigenen Bewußtsein eine mystische Welt in Formen, Farben und Symbolen aufscheinen lassen. Dies sind dann persönliche Erkenntnisse, die sich in die Entfaltung des inneren Menschen einlassen und auf dem Yogaweg ihre Spuren setzen können. In diesem Kapitel wird der Bezug der sieben Spektralfarben zu den sieben chakras mein besonderes Anliegen sein.

Die Beugung oder Streuung des weißen Sonnenlichtes in die sieben Spektralfarben rot, orange, gelb, grün, hellblau, blau und violett war lange vor der Entdeckung der Lichtbeugung durch das Prisma bekannt. Sonnenlicht wird im Wassertropfen in die Spektralfarben aufgefächert und als Regenbogen in das Firmament projeziert. Dieses großartige Naturschauspiel hat Menschen immer fasziniert und Eingang in das Bewußtsein Sensibler gefunden, die in den Farben einen Anteil an ihrem inneren Wesen erkannten. So mag es den Weisen ergangen sein als sie die chakras als Symbole der Kräfte aufbauten, die für die Energetik des inneren und äußeren Menschen stehen, die sein Leben bedeuten.

Die Beugung des weißen Lichtes in die Spektralfarben ist eine Aufteilung des einen, ganzheitlichen Lichtes in sieben einzelne Farben mit eigenen qualitativen und quantitativen Besonderheiten, der Wellenlängen und der Schwingungsfrequenzen. Man kann den Beugungsvorgang als eine Aufgliederung bezeichnen. Was mich nun besonders fasziniert hat ist die Tatsache, daß es in der älteren Physik Newton gelungen ist, den Beugungsvorgang auch wieder umzukehren und die sieben einzelnen Farbstrahlungen zum Ganzen zurückzuführen, zum ungeteilten, weißen Licht. Das Experiment gelang durch den Einsatz eines zweiten Prismas in die Bahn des in sieben Farben gebeugten Lichtes.

Haben die chakras ihre individuelle Ausgestaltung in der aufsteigenden Kraft der kundalini erfahren, so wie es ihren Funktionen und Aufgaben entspricht, werden ihre Schwingungspotentiale wirksam. Diese Schwingungsenergien sind Komponenten der Farbkombinationen, wie sie in den einzelnen chakras auftreten und energetisch aktiv sind. Die Ausdifferenzierung des weißen Lichtes in die Spektralfarben ermöglicht die funktionelle Auffächerung in die verschiedenen, zum Leben notwendigen Energiepotentiale, wie sie in den chakras angelegt sind.

Im Menschen, der an seiner Individuation arbeitet und Spiritualität in sein Leben einbezieht, werden zunehmend geistige Kräfte aktualisiert und gefördert, die ihre eigenen Schwingungsmuster entfalten und in den oberen chakras ihre Resonanz haben. Hier finden wir die kurzwelligen Energiepotentiale der Farben blau und violett. Die Erfüllung des Integrationsprozesses, die Einschmelzung des persönlichen Bewußtseins in das transzendentale Bewußtsein als Befreiung aus den Bindungen von Raum und Zeit, setzt die Einschmelzung aller Chakrafunktionen mit ihren individuellen Ausgestaltungen, auch in Farbkomponenten, voraus. Das ist die Rückführung der Auffächerung des Lichtspektrums zum Großen Einen, zum ungeteilten Licht der Erleuchtung. Das ist das weiße Licht, wie es auf der Krone des Buddha aus den Spektralfarben eine Synthese schafft und den samadhi symbolisiert.

Das Licht der Sonne trifft auf den grob- und feinstofflichen Organismus auf. Die Hautoberfläche, die ihrer Natur gemäß bereits mit Ladungen und elektromagnetischen Fluktuationen versehen ist, empfängt die Lichtstrahlung und reagiert darauf. Lichtstrahlung dringt weiter in den Menschen ein, Leib, Seele und Bewußtsein treten mit den eingedrungenen Lichtquanten in Resonanz, je nach deren Status und Bedarf an Energie. Die chakras und die Systeme des menschlichen Organismus, die sie repräsentieren, werden durch die Kräfte der Spektralfarben in Schwingung versetzt. Das bedeutet ein Leben in den Schwingungen eines „Lichtbades."

Die unendliche Zahl von Zellen, auch sie mit einem eigenen Energiesystem und Bewußtsein versehen, der ganze psychosomatische Organismus, sind auf Licht sensibilisiert und von dessen Strahlungskraft abhängig. Gemäß Dichte, Durchlässigkeit oder Reflektionsvermögen etwa des Wassers, des Blutes, der Lymphe, der Gewebe, Knochen, chemischen und mineralischen Substanzen im Organismus auf die die Energiequanten auftreffen, wird das Licht aufgeschlüsselt und verwertet, ähnlich, wie dies in einem Prisma geschieht. Der Aufschlüsselungsvorgang verschafft den verschiedenen chakras jene Schwingungen, wie sie auch den Spektralfarben eigen sind und deren sie bedürfen um intakt zu bleiben. Es ist für die Naturheilkunde von großem Interesse und praktischem Nutzen, daß bei Erkrankungen eines Organsystems Farben als Energieschwingungen, auch über technische Apparaturen, eingesetzt werden können, die in der Lage sind, eine Korrektur des Krankhaften und damit Heilung herbeizuführen.

Die energetischen Qualitäten des Lichtes beruhen auf der Aktivität von Atomen und deren Bestandteilen, etwa Elektronen und Photonen. Photonen sind Lichtquanten in Bewegung, die Energie transportieren. Lichtquanten sind es, die auf den Organismus auftreffen und in ihn eindringen. Dadurch können Farbphänomene auftreten, wie sie in der Kirlianfotografie bekannt sind. Die Photonenstrahlung setzt den Menschen in direkten Bezug mit der Energie aus dem Universum, vor allem mit der Sonnenstrahlung. Dazu ist anzumerken, daß einerseits Energiequanten aus dem Universum den Menschen erreichen, daß aber andererseits auch der Mensch Energie in das Universum, seine nähere und weitere Umgebung ausstrahlt. Diese Ausstrahlung geht von Leib, Seele und Bewußtsein aus. Es handelt sich dabei um einen gegenseitigen Energieaustausch, um eine Resonanz zwischen Mensch und Universum.

Grundsätzlich ist jedes chakra eine in sich geschlossene und funktionierende Einheit, die alle Kräfte des Lichtspektrums beinhaltet. Jedes chakra bedarf aller Schwingungen des Lichtes, all seiner Frequenzen und Impulse. Jedes chakra versieht eine ganz besondere Hauptfunktion, deren Energiepotential Schwingungen einer bestimmten Farbe aus dem Spektrum entspricht. Die einstrahlenden Lichtquanten erfahren eine Selektion nach Prioritäten, wie sie im chakra nach energetischen Gesichtspunkten Verwertung finden. Jede Farbe hat in jedem chakra ihre Funktion.

Es leuchtet ein, daß die individuelle Situation in den chakras bei jedem Menschen verschieden sein muß, je nach dessen körperlichem und seelischem Zustand, je nach Durchlässigkeit. Die überlieferten Darstellungen der Chakrareihe auf einen meditierenden Buddha bezogen, stellen den Idealfall, ein Vorbild dar. Das gilt auch für die Wahl der Farben, Formen und Symbole der chakras. Die Individualität des einzelnen Menschen zeigt sich nirgends deutlicher als gerade im Zustand der chakras.

Zur Illustration des Textes habe ich die chakras mit ihren Farbstrahlungen nach meiner persönlichen Intuition dargestellt. Sie können sie im Anhang betrachten.

Eine archetypische Symphonie der Farben

Die sieben Spektralfarben weisen jede für sich eine besondere Wellenlänge auf. Es handelt sich bei den Farbschwingungen um die Wellenlängen des mit dem Auge wahrnehmbaren Lichtes. Die langen Wellen sind der Farbe Rot zugeordnet. Die violette Farbe weist die kurzen, sichtbaren Wellenlängen auf. Dazwischen liegen die übrigen Spektralfarben. Den sieben Schwingungsbereichen der Spektralfarben lassen sich die Schwingungsebenen der sieben chakras zuordnen, beispielsweise die Farbe Rot dem muladhara chakra und die Farbe Violett dem sahasrara chakra. Die Pyramide im Anhang mag dazu eine Illustration sein, wie die Wellenlängen der Farben ganz grob und nur schematisch den Schwingungsbereichen der chakras entsprechen könnten.

Farben haben in der archetypischen Bildnerei ihren Platz,wie andere, bekannte Symbole in Formen, Gestalten und Worten. In den Spektralfarben und ihren energetischen Schwingungen offenbart sich eine mystische Welt, die auch in physikalischen Gesetzmäßigkeiten ihre Wurzeln hat. Es ist möglich, sich kontemplativ auf allen Stufen der Farbschwingungen zu finden und zu erfahren, ganz besonders mit dem Hintergrund der Chakrastrukturen. Ein sensibilisiertes Bewußtsein vermag den eigenen Individuationsprozeß in der Symbolik und Energetik der Farben nachzuvollziehen.

Beeindruckend und faszinierend sind verschiedene Phänomene, die sich in der verbalen Auseinandersetzung mit den Inhalten der chakras ergeben und den Parallelen dazu, wie sie in meinem Bewußtsein bei der farblichen Ausgestaltung der psychosomatischen Energetik in den chakras entstanden sind.

Farblich und funktionell ist jedes chakra eine in sich zentrierte energetische Einheit mit einer dominanten Kraft, die in der peripher wirkenden Farbe ihre Individualität zum Ausdruck und zur Auswirkung bringt. Diese energetische Qualität entspricht auf jeder Stufe einer Schwerpunktfunktion im Gesamtorganismus, die sich, durch die Chakrareihe aufsteigend ändert, wie dies im Kapitel über die chakras ausführlich dargestellt ist. Es ist fesselnd festzustellen, wie eine dominante Farbe und die entsprechende Energie sich von der Peripherie zurückziehen und einer anderen Kraft Platz machen. Dieser Prozeß ist vergleichbar mit der menschlichen Entwicklung, wo gemäß Alter, Reife und Bewußtsein spezifische Kräfte an Bedeutung gewinnen. Wie sich die Energien der Farben wandeln und zu neuen Kompositionen werden, wandelt sich der Mensch in seinem Wesen. Er kann in der Wandlung der Chakra-Schwerpunkte seine eigene Wandlung wahrnehmen, zu den elementaren Bedürfnissen der Lebenserhaltung auch die geistigen Bedürfnisse entfalten und eine Spiritualisierung erfahren.

Findet der menschliche Entfaltungsprozeß seine Einbindung in die Persönlichkeit, gewinnen die entsprechenden Energien an Kraft und Bedeutung, was sich in den Farbkombinationen zeigt. Blau und violett werden dominant, sie lassen die spirituellen Komponenten aus der Transzendenz ins Bewußtsein des Menschen einschwingen. Blau und violett in den oberen chakras stehen für ein geistiges Leben, das sich in Leib und Seele des Menschen einläßt und die Verbindung, eine wahre religio zum Schöpfer und zum Urgrund, in den feinen Farbschwingungen möglich macht. Die Ganzheit des Menschen aber bleibt innerhalb der Schwerpunktverschiebungen der Farbschwingungen erhalten.

Die Kulmination des Wandlungsprozesses wird in der alten Tradition durch die Farbe Weiß dargestellt. Aus der weißen, ungeteilten Farbe des Sonnenlichtes sind durch Beugung die sieben Spektralfarben geworden. Sie haben ihre Energie dem Menschwerdungsprozeß geliehen und im obersten chakra zur Vollendung gebracht. Der Entfaltungsvorgang hat seine Erfüllung gefunden und alle Kräfte in das Ganze, in das Weiß der Erleuchtung eingebunden. Im sahasrara-chakra, auf dem Scheitelpunkt, auf der Krone des

Erhabenen, öffnet sich das ganze Spektrum der sieben Farben zum Höchsten in Form einer offenen Schale. Die sieben Farben sind durch Bewußtwerdung in ihren physikalischen und symbolischen Werten zur Erfüllung gekommen und sind in den Ursprung des Großen Einen zurückgekehrt. Die Wandlung zum Höchsten ist durch die Farbe Weiß symbolisiert. Der Gang durch die Farben als energetische Symbole hinterläßt im Bewußtsein eine Wegspur und Marken der Selbstwerdung des Menschen. Das bedeutet die Auffächerung der in den chakras enthaltenen Charakteristika, welche die Persönlichkeit ausmachen. Kommt der Prozeß der Individuation der Persönlichkeit zu den höchsten Stufen, erlangen Weisheit und Reife Priorität, das Bewußtsein öffnet sich in allen Facetten des Erkennes und geht ein in den Zustand des samadhi. Alle sieben Spektralfarben bilden den Grund für die Farbe Weiß, die lichthaft in die Unendlichkeit der transzendentalen Welt einschwingt.

Betrachten Sie dazu die Illustration auf dem Umschlag.

Farben und Kräfte der Edelsteine

Edelsteine sind während Jahrmillionen in der Natur gewachsen. Ihr Glanz und ihre Strahlungskraft ziehen Menschen in ihren Bann. Das Besondere in Form und Farbe fällt auf und fesselt Betrachter. Edelsteine formen ihre Besonderheiten in äußerst langen Zeitabschnitten aus und kommen so zu ihren eigenen Strukturen, zu mineralischen Kompositionen, die einmalig sind. Die Farben entstehen zufolge der mineralischen und kristallinen Strukturen, die mit dem Licht des Universums in Beziehung sind. Edelsteine, wie andere Körper auch, haben ihre Farben aufgrund der Energie, die sie reflektieren, respektive absorbieren. Die Lichtquanten, welche auf Edelsteine auftreffen, finden durch deren Eigenarten ihre spezifischen Energiemodule als Farbe, die dem Auge sichtbar wird. Die Kräfte der Edelsteine als Heilfaktoren sind seit frühen Zeiten bekannt und finden heute noch ihre Verwendung. Die Schwingungen, es können in zutreffenden Fällen Heilschwingungen sein, können auf die chakras Einfluß nehmen, indem sie unterstützend oder korrigierend wirken. Dabei spielen sowohl die Farben, wie die mineralischen Strukturen der Edelsteine ihre Rolle. Selbstverständlich bewirken Edelsteine mit ihren Kräften auch Veränderungen im Bewußtsein oder im seelischen Bereich. Edelsteine bringen Licht in den Menschen durch ihre Strahlung aber auch durch ihre Schönheit, die sich der Seele mitteilt. Es können Strahlungen der Freude, der Beruhigung oder auch der Aufmunterung sein, die Edelsteine im Gemüt auslösen. Solche Faktoren veranlaßten seit jeher Menschen zum Tragen ausgewählter edler Steine, die einerseits Schmuckstücke, andererseits aber, teils auch unbemerkt, Heilsträger sind.

Grundsätzlich kann aus therapeutischer Sicht jeder Edelstein in jedem chakra Resonanzen und besondere Schwingungen auslösen. Jedes chakra ist in sich eine energetische Einheit, die sich auch in

Farben ausdrücken läßt. Die Farben der Edelsteine finden somit in jedem chakra entweder eine dominante Resonanz oder eine spezifische „Antwort“ auf die zugeführte Schwingung. Weil in jedem Falle bei der Verwendung von Edelsteinen zu Heilzwecken Wirkungen zu erwarten sind, ist vor dilettantischen Experimenten zu warnen.

Auf die Entfaltung des Bewußtseins auf jeder Stufe der menschlichen Entwicklung, haben die edlen Steine bedeutenden Einfluß, was bei jeder Anwendung zu größter Umsicht und Vorsicht Anlaß geben muß. Eingeweihte verfügen über die nötigen magischen und mystischen Erkenntnisse um die Kraft der Edelsteine zur Förderung des Menschen und zu seinem Heil einzusetzen. Weises Vorgehen macht es möglich mit Hilfe der Kräfte von Edelsteinen das Bewußtsein Strebender und wahrhaft Suchender auf die Lichtspur zu setzen, die von Stufe zu Stufe kleine Erleuchtungen möglich macht und den Weg zur großen Erleuchtung offen legt.

Im Anhang findet sich zum Text die Darstellung einer Farbpyramide mit den Spektralfarben.

Lichter auf dem Weg

Ihrer Bestimmung gemäß folgen die chakras dem Schöpfungsgedanken. Sie gestalten das Leben des Menschen aus den Impulsen der Lichtstrahlungen aus dem Universum zu einer einmaligen Ganzheit. Durch Übung und Meditation kann der Mensch dafür sorgen, daß die Ordnungen des Urgrundes erhalten bleiben und bestärkt werden.

Mit seinen eigenen Energiestrukturen findet sich der Mensch in den Kraftfeldern des Universums, denen er sich bewußt einfügen kann. Meditation fördert bewußtes Sein in den chakras und läßt sie in ihren Lichtkräften aufleuchten.

In der Symphonie der Spektralfarben erschließt sich die Unendlichkeit individueller Möglichkeiten des Menschen um zur Erleuchtung zu kommen.

In den Energien der Farben und des Lichtes schaffen sich Erkennende ihr persönliches Universum in geistiger Freiheit als ihre eigene, persönliche Wirklichkeit innerhalb der Schöpfung.

Durch die Leuchtkraft der Farben und der Farbsymphonien können wir uns zu den initiatischen Geheimnissen unserer inneren Natur führen lassen.

Der ganze Mensch ist durch Licht als Spur des Bewußtseins gezeichnet, das sein Leben bildet.

Wer der Spur des Lichtes und seiner Kräfte folgt ist auf dem Weg zur Erleuchtung. Erleuchtung ist Sein in der Reinheit des weißen Lichtes.

Wer in Leib und Seele harmonisch gestimmt, im Einklang mit den Gesetzen der Natur lebt, schwingt in seinen chakras mit den Energien des Lichtes aus dem Universum in Resonanz.

In den chakras scheint eine Symphonie von Farben auf, die ein Universum von Kräften und Leben manifestiert, in dessen fantastischem Kaleidoskop des Menschen Bewußtsein seine Ausprägungen finden kann.

Farben entfalten im Menschen Dynamik und Kraft zum Aufschwung in eine Welt der Freiheit und großer Erfahrungen.

In den Farben der chakras zeigen sich Subtilität und Energie, die dem Menschen zur Entwicklung seines Wesens verfügbar sind. Farben stehen für eine Wirklichkeit, die in Leib und Seele erfahren werden kann, wenn sie durch Kontemplation Eingang ins Bewußtsein findet.

Der ganze Mensch ist aus dem Licht hervorgegangen und so ist er Licht in allen Facetten des Seins. Und er wird wieder ins Licht eingehen.

Acht Stufen zur Erleuchtung

Ausdauernde Übung auf dem Achtfachen Pfad des Weisen Patanjali vermittelt auf jeder Alters- und Bewußtseinsstufe Vitalität, Gesundheit, Lebensfreude und inneren Fortschritt.

Das Yoga-Sutra ist ein gewaltiges geistesgeschichtliches und psychologisches Dokument. Es wird vermutet, daß verschiedene Autoren zur Entstehung des Yoga-Sutra beigetragen haben, das in eine Zeitspanne von ungefähr 200 Jahren vor bis 400 Jahren nach Christi Geburt datiert wird. Der Inhalt dieses Werkes reicht weit in die Menschheitsgeschichte zurück, als sich Menschen über ihr ureigenes Wesen, ihr Leben und über die Schöpfung Gedanken machten und in hingebungsvoller körperlicher und mentaler Übung den Geheimnissen der Existenz näher zu kommen suchten. Mit dem Yoga-Sutra ist ein Leitfaden entstanden, der in Merksprüchen zusammenstellt, was Weise, Asketen und nach tiefer Erkenntnis Suchende an Erfahrungen und Übungen zusammengetragen haben. Das große Werk hat auch heute noch für die Bildung und Schulung des Menschen, im Osten wie im Westen, eine überragende Bedeutung und Faszination. Es gilt im Bereich des Yoga und der Meditation als wegleitend. Das Yoga-Sutra mit seinen knappen, prägnanten und oft verschlüsselten und der Deutung bedürftigen formelhaften Sprüchen, öffnet Suchenden eine Welt der realen Wirklichkeiten ebenso wie eine mystische Welt. Das bemerkenswerte am Yoga-Sutra ist die Tatsache, daß deren Verfasser darin eine psychologisch-philosophische Lebensweisheit darlegen, die von einem hohen ethischen, moralischen und zwischenmenschlichen Niveau zeugt. Die Entwicklung der Persönlichkeit und die Vervollkommnung der Lebensführung in einem umfassenden soziologischen und entwicklungspsychologischen Kontext ist eines der großen Anliegen des Yoga-Sutra. Besonders im Achtfachen Pfad des Patanjali werden klare und knappe Übungsanweisungen gegeben, die es möglich machen sollen, die gesetzten Ziele und Normen zu erreichen. In der Kunst der pädagogisch-psychologischen Vermittlung von Kenntnissen und Techniken erweist sich Patanjali als genialer Weiser, der sowohl real wie auch visionär einen gangbaren Weg für jene weist, die bereit sind für ein Leben in Gesundheit, Harmonie, Glück und Erkenntnis entsprechend Zeit, Geduld und Hingabe aufzuwenden.

Der Achtfache Pfad des Patanjali bildet eine konzentrierte Folge von Übungsanweisungen. Die acht Stufen dieses Weges führen zur Verwirklichung der hohen Ideale, die im Yoga-Sutra dargelegt und als erstrebenswert aufgeführt sind. Das Werk liegt in zahlreichen Übersetzungen vor und ist zu allen Zeiten ausführlich kommentiert worden. Wer sich mit Yoga und Meditation befaßt, wird sich damit auseinandersetzen müssen. In diesem Buch beschränke ich mich im Wesentlichen auf Ausführungen zum Achtfachen Pfad, im besonderen auf den Teil, der sich auf die Meditation bezieht. Für meine eigene Meditationspraxis ist das Konzept des Yoga-Sutra, insbesondere der Übungsweg gemäß dem Achtfachen Pfad des Patanjali, wegleitend geworden.

Inhalt und Sprache des Achtfachen Pfades zeugen davon, daß es sich nicht um rein theoretische Kenntnisse des Verfassers handelt, sondern, daß er über eigene Erfahrungen und eine entsprechende Praxis berichtet. Ein guter Grund für eine Meditation gemäß dem Achtfachen Pfad ist dessen Einbettung in die tatsächlichen Verhältnisse des Alltags, auch unseres Alltags in der westlichen Welt von heute. Es handelt sich um eine Methode, die nicht welt- und wirklichkeitsfremd ist, sondern den Menschen im Grunde seines Wesens formt und zu einer verantwortungsbewußten, kritischen und selektiven Lebensführung motiviert. Dieser Weg konfrontiert uns zu Beginn mit wichtigen Gewissensfragen nach Einstellung und Haltung sich selbst und der Umwelt gegenüber. Die beiden ersten Gebote yama und niyama machen deutlich, daß der Weg zu sich selbst und zu ungetrübter Glückseligkeit ein moralisch hochstehendes

Verhalten voraussetzt, damit der Mensch mit seiner Umgebung in Frieden und Harmonie leben kann.

Ein weiterer Grund der Bedeutung und Wirksamkeit dieses Weges ist die Einbindung körperlicher und mentaler Übungen in eine vollständige und den ganzen Menschen erfassende Praxis, die für äußere und innere Gesundheit und geistiges Wachstum erforderlich ist. Dem Verhaltenskodex folgen die Körperhaltung, asana und die Atembeobachtung und Atemlenkung, pranayama, gewissermaßen als eine Übungsgruppe. Die folgenden vier Glieder des Achtfachen Pfades, die den Bereich der Meditation umfassen, werden von manchen Autoren als der „Königliche Yoga" bezeichnet. Pratyahara, das Abschalten der Sinnesfunktionen, dharana, die volle Konzentration auf das Wesentliche, das die Meditation gestalten wird und dhyana, das Einschwingen auf die Thematik, die Übende erfüllen und zum samadhi führen soll. Das ist das Konzept des Achtfachen Pfades, dem seit Jahrtausenden Menschen folgen.

Die Methodik des Achtfachen Pfades des Patanjali und dessen psychologisch-philosophischer Inhalt sind für mich in diesem Buch Anlaß, das Prinzip der Meditation darauf aufzubauen. Auf meiner Indienreise habe ich dafür uneingeschränkte Bestärkung durch indische und tibetische Meister erfahren.

Yama, Selbstbeherrschung.

Der anspruchsvolle Weg fordert zu Beginn eine selbstkritische Auseinandersetzung mit sich selbst. Verlangt ist Selbstdisziplin in Gedanken, Worten und Taten anderen Menschen, Lebewesen, ja, der ganzen Schöpfung gegenüber. Das Gebot yama umfaßt: Nicht-Gewaltsamkeit, Nicht-Stehlen, Wahrhaftigkeit, Wandel in brahman, Nicht-Horten.

Niyama, Selbstbeschränkung.

Der einzuschlagende Weg verlangt ein von hohen Idealen und persönlich vertretbaren Vorsätzen bestimmtes Verhalten. Das Gebot niyama umfaßt: Reinheit, Zufriedenheit, Hingabe, Selbststudium, Hinwendung zum Höchsten.

Yama und niyama beinhalten eine Lebensführung in äußerer und innerer Ordnung. Das bedeutet, niemandem Schaden oder Leid zufügen, bescheiden und gütig sein, zurückhaltend leben. Solche Forderungen sind einleuchtend, wenn ein Leben mit einem Minimum an Konflikten, Problemen und Gewissensbissen möglich werden soll. Sorgen und Schwierigkeiten im Alltag belasten das Bewußtsein, führen zu Komplexen im Unbewußten, zur Beeinträchtigung der Harmonie. Das Befolgen von yama und niyama bewirkt, daß kein negatives karma aufgebaut wird.

Asana, Haltung.

Die Anweisungen über asana sind im Achtfachen Pfad äußerst knapp. Unter asana ist hier die Sitzhaltung zu verstehen, die fest und angenehm sein soll.

Gemäß meinen indischen Erfahrungen möchte ich weitergeben, welche Sitzhaltungen in der Meditation vorzugsweise praktiziert werden.

Unter einem festen Sitz als Voraussetzung für innere Sammlung, Kontemplation und Meditation kann der Lotossitz, padmasana, verstanden werden. Der Lotossitz ist vielen Menschen zugänglich, wenn auch oft längere Zeit an der Perfektionierung dieser Sitzhaltung gearbeitet werden muß, bis sie bequem eingenommen werden kann.

Im halben Lotossitz, ardha-padmasana, ruht das linke, angewinkelte Bein am Boden, das Fußgewölbe liegt unter dem rechten Oberschenkel. Der rechte Fuß wird in die linke Leistengegend gelegt, die Fußsohle ist nach oben gerichtet.

Im Lotossitz, padmasana, legt man den linken Fuß in die rechte und den rechten Fuß in die linke Leistengegend. Beide Fersen werden so nahe wie möglich an den Rumpf herangeführt und die Fußsohlen weisen nach oben.

Für einen festen Sitz erforderlich ist der Bodenkontakt der Sitzhöcker und die Aufrichtung von Becken und Wirbelsäule. Die Schultern hängen gelöst nach unten. Die Hände ruhen auf den Knien. Die Ellenbogen sind dadurch leicht angewinkelt und die Arme in einer sich zwanglos daraus ergebenden Haltung. Der Kopf ist geradeaus gerichtet, die Augen sind geschlossen und der Gesichtsausdruck ist gelassen.

Nur in einem festen Sitz ist das körperliche Gleichgewicht während der Meditation gewährleistet, wenn sich das Bewußtsein über Raum und Zeit erhebt und in die transzendentale Dimension einschwingt.

Im korrekten Sitz ergibt sich eine besondere energetische Situation. Die Beinhaltung im Lotossitz ermöglicht einen geschlossenen Kreislauf der Vitalenergie. Ein weiterer Energiekreislauf bildet sich in der kombinierten Haltung von Beinen und Armen über den Kontakt der Hände mit den Knien. Diese Disposition im Lotossitz hat zur Folge, daß der von der Kundalinikraft im muladhara-chakra ausgehende Energiefluß durch die längs der Wirbelsäule angeordneten chakras, bis zum sahasrara-chakra aufsteigend, ungehindert fließen kann.

Im Lotossitz ist der Mensch im Kraftfeld des Universums aufgerichtet, in dessen Polarität einbezogen. Sich sehr bewußt als Mikrokosmos in den Makrokosmos einzufügen ist der Meditation förderlich. Kosmische und terrestrische Schwingungen wirken mit ihren lebens- und bewußtseinsfördernden Energien optimal auf Meditierende im Lotossitz. Das positiv gepolte sahasrara-chakra hat Bezug zur pluspoligen kosmischen Energie, zum großen Yang. Das negativ gepolte Basis-chakra muladhara ist im Lotossitz mit der terrestrischen Energie, dem großen Yin, in Beziehung. Die Wirbelsäule mit den feinstofflichen chakras ist in dieser aufgerichteten Haltung in der Lage, die Kraftströme aus dem Universum zu empfangen und als Lebensenergie dem grob- und feinstofflichen Organismus verfügbar zu machen. Wer im Lotossitz aufmerksam auf die Prozesse in Körper und Seele achtet, kann die Impulse als ein Strömen von Energie, besonders in der Wirbelsäule, wahrnehmen. In einer weiterführenden Meditation wird das Bewußtsein durch die Schwingungen erhoben und geweitet, welche durch die Symbolkraft des Lotossitzes und dessen Einbettung in die Energie des Universums freigesetzt werden.

In Indien wird vorzugsweise im halben Lotossitz meditiert, wie ich es mit Swami Rama während der Meditation in den frühen Morgenstunden erlebt habe. Der Meister hat mir über das Sitzen genaue Anweisungen gegeben. Der Schneidersitz, shukasana und der „freie Sitz", muktasana sind mögliche Sitzhaltungen für eine Übergangszeit bis der Lotossitz eingenommen werden kann, an dem unablässig zu üben ist. Ich empfehle, alle Sitzhaltungen mit einer kompetenten Lehrkraft zu erlernen.

Von den verschiedenen symbolträchtigen Handhaltungen möchte ich chin-mudra erwähnen. Chin-mudra, die „Geste der Weisheit", stellt eine Besonderheit für die Meditation dar. Im Meditationssitz ruht der Handrücken auf den Knien. Der Zeigefinger und der Daumen schließen sich zu einem Kreis. Die drei anderen Finger sind gestreckt und geschlossen und weisen zum Boden. Die chin-mudra hat auf die Meditation bedeutenden Einfluß. Kraft und Wirkung des Symbols, das die Hand in dieser mudra gestaltet, bewirken starke Verinnerlichung, Sammlung und Ruhe. Hinzu kommt eine unvergleichliche energetische Potenzierung der Wirkung der Meditation in dieser mudra der Weisheit. Intuitives Einfühlen schafft Meditierenden einen Zugang zu einer Bewußtseinsebene und Bewußtseinsqualität, die weit über das Persönliche ihrer Individualität hinausführen.

Mein Freund, Swami Satchidananda, der heute in den USA lebt, zeigte mir mit seiner ausdrucksstarken Hand die chin-mudra und gab dazu folgende Erklärungen: „Chin-mudra bedeutet Symbol der Weisheit. Jeder einzelne Finger hat eine ganz bestimmte Bedeutung. Der Daumen steht für das höhere, universelle SELBST, der Zeigefinger für das individuelle SELBST. Das höhere SELBST neigt sich von oben wohlwollend dem individuellen SELBST zu, das nach dieser Verbindung strebt. Der Mittelfinger symbolisiert das Ich. Er ist der Größte, so wie sich auch das Ich als groß empfindet und als Ego darstellt. Der Ringfinger stellt maya dar, den Schleier, der die geistige Wirklichkeit dieser Welt verhüllt. Der kleine Finger steht für karma, das Gesetz, das die Handlungen des Menschen mit entsprechenden Folgen verknüpft."

Pranayama, Atembeobachtung und Atemlenkung.

Gemäß Patanjali setzt nun die Übung der Atembeobachtung und Atemlenkung ein, die Unterbrechung des Rhythmus von Einatmen und Ausatmen. Nach dem Achtfachen Pfad bedeutet pranayama: Ausatmen, Einatmen, Festhalten des Atems, Bemessen von Zeit, Zahl, Leichtigkeit oder Heftigkeit und Ausdehnung der Atembewegung. Es wird außerdem eine weitere Art des Atems erwähnt, jedoch keine Weisung gegeben.

Wie in den Ausführungen über asana, so sind auch die Angaben über pranayama im Achtfachen Pfad sehr knapp gehalten. Man kann annehmen, daß die wenigen, kurzen Bemerkungen für den Umgang mit der Atemkraft absichtlich nicht weiter ausgeführt wurden, weil dieses komplexe Gebiet ausschließlich mit einem Lehrer erarbeitet wurde. Diese Notwendigkeit besteht auch heute noch.

Prana ist eine Erscheinungsform der zahlreichen Naturkräfte, in die der Organismus des Menschen eingebunden ist. Prana ist Bioenergie als energetische Schwingung, wie sie im Universum und im Menschen wirksam ist. Im pranayama nehmen Übende bewußten Einfluß auf die Aufnahme von prana aus der Atmosphäre und auf die Assimilation dieser Energie, um sie dem psychosomatischen Organismus verfügbar zu machen. Prana wird auch über die Nahrung aufgenommen und verwertet.

Was gegenwärtig unter pranayama verstanden und gelehrt wird, entspricht einer späteren Arbeit mit dem Atem. Für die Lenkung der

Atemkraft nach den im Yoga gebräuchlichen Pranayama-Techniken ist es Voraussetzung, sich mit dem eigenen, natürlichen Atemrhythmus zu befassen, ihn zu beobachten und frei fließen zu lassen. Pranayama soll in jedem Fall maßvoll und ohne Übertreibung praktiziert werden.

Nach Patanjali beseitigt pranayama die Verhüllungen der inneren Klarheit, wodurch Übende die Fähigkeit zur Konzentration erlangen. Tatsächlich nimmt die Atemlenkung großen Einfluß auf Klarheit und Weitung des Bewußtseins. Meditierende werden durch die damit geschaffenen psychologischen und energetischen Voraussetzungen zu einer gesteigerten Konzentration fähig. Pranayama beseitigt Blockaden und öffnet im grob- und feinstofflichen Organismus energetische Schleusen, bewirkt eine Einbindung in die kosmischen Kräfte und deren Energiefelder und Schwingungen. Was sich in dieser Übung an Wirkungen und Impulsen einstellt, ist für die Gestaltung der Meditation von entscheidender Bedeutung. Durch die Lenkung der Atemkraft erlangen Meditierende jene Klarheit und Einsicht deren es bedarf, um in die Ordnungen der transzendentalen Welt einzuschwingen. Falsches Üben des pranayama kann zu bedenklichen Folgen führen, sodaß es unbedingt unter Kontrolle erlernt werden muß.

Im bewußten Sitzen und Atmen wird es möglich mit den natürlichen Schwingungsfrequenzen des Universums in Resonanz zu kommen. Es ist aus der Naturheilkunde bekannt, daß jedes Organ sein eigenes Schwingungsmuster und seine eigene Schwingungsfrequenz hat, in deren ungestörter Resonanz zu den Kräften und Schwingungen des Universums allein Gesundheit und Entfaltung möglich sind. Die Bemessung der Atemzyklen im pranayama nach Zeit und Zahl, die Schwingungen der Atembewegung sind in Übereinstimmung mit universalen Gesetzen wirksam. Im Fluß und in den Rhythmen des Atems erfahren Übende die Ausdehnung ihrer eigenen Welt des Atems im Odem der Unendlichkeit. Im Entlassen (Yang) und im Zulassen (Yin) des Atemstromes wird der Mensch in sich selbst und im Universum zu einer funktionellen und existenziellen Ganzheit. Der Vorgang des bewußten Atmens verbindet den inneren Menschen mit der Unendlichkeit, in die das Wesen des Menschen einbezogen ist. Körper, Seele und Geist schwingen in der korrekt ausgeführten Übung „Sitzen und Atmen" in die grenzenlose Weite und in die Rhythmen ein, die das Wesen des Universums im Großen und das Wesen des Menschen im Mikrokosmos ausmachen. Dieser Erfahrung können Übende im pranayama bewußt werden, einer Erfahrung, die auf der nächsten Stufe, pratyahara, ihre volle Bedeutung für die Formung des inneren Menschen erlangt.

Pratyahara, Abschalten der Sinnestätigkeit.

Unter pratyahara versteht Patanjali das Abschalten und Beherrschen der Sinnestätigkeit und damit das Eingehen in die eigene Innerlichkeit.

Pratyahara ist eine mentale Übung, eine Übung zur inneren Einkehr, die große Hingabe verlangt. Das Abschalten der Sinnestätigkeit ermöglicht die Unterbrechung des weitgehend unkontrollierten Flußes von Informationen und Desinformationen, die aus der Außenwelt auf das Bewußtsein einströmen. Unsere fünf Sinne sind meist ohne selegierende Kontrolle mit der Außenwelt in Kontakt. Eindrücke und Meldungen, die ins Bewußtsein dringen, sorgen für eine beinahe pausenlose Reizüberflutung. Das Sehen verbindet uns mit Objekten, es bindet unsere Wahrnehmungsfähigkeit und damit auch unser Bewußtsein an Gesehenes. Auditive Eindrücke über das Ohr binden unsere Wahrnehmungsfähigkeit und damit auch unser Bewußtsein an Gehörtes. Innerlich sind wir damit befaßt, davon beeinflußt, auf jeden Fall immer in irgendeiner Form davon betroffen. Auch über den Geschmack-, Geruch- und Tastsinn sind wir mit der Außenwelt in Verbindung und beschäftigt.

Die über die Sinnesorgane empfangenen Reize lösen komplizierte Reaktionen des Nervensystems und Gehirns aus und erreichen das Bewußtsein und die Seele, die darauf reagieren. Dieser Prozeß verbraucht Energie und kann bei einem Übermaß an Belastung zu einer Degeneration oder Schädigung der Sinnesorgane und Nerven führen und die seelische Harmonie empfindlich stören.

Fraglos erfüllt der Wahrnehmungsapparat des Menschen eine lebenswichtige Funktion und er sollte dementsprechend eingesetzt werden. Die vielen Mißbräuche jedoch, die mit den Sinnen getrieben werden und denen wir uns oft auch wahllos hingeben, sind derart bedenklich geworden, daß unsere äußere und innere Gesundheit gefährdet ist.

Pratyahara meint nicht nur das Abschalten und die Beherrschung der Sinnestätigkeit, die sich nach außen richtet und orientiert. Ebenso wichtig und gar noch schwieriger zu erlangen sind die Eindämmung und Beherrschung der inneren Gedankentätigkeit und der Gemütsbewegungen. Auch sie erfassen das Bewußtsein und erfüllen es mit Vorstellungen.

Das Zurückziehen und Beherrschen der Sinne wie es im Achtfachen Pfad vorgeschrieben ist, wird durch Sitzen und Atmen möglich. Das Einschwingen in die Phase pratyahara erfolgt durch die Ruhe im Sitz und die Beobachtung des Atems unmerklich.

Pratyahara weist den Weg von außen nach innen und in die Stille. In der Stille wird der Mensch zur Wahrnehmung innerer Prozesse und Werte fähig. Nur in der Stille kommt der Mensch zu sich selbst, in der inneren Stille des eigenen Herzens kann er sich dem Höchsten öffnen. Hier wird deutlich, daß die Vorschrift des pratyahara nicht verwirklicht werden kann, wenn zum Beispiel über das Hören von Musik und Texten oder das Eingehen auf irgendwelche sinnenbetonte Phantasievorstellungen der Weg zur Meditation gesucht wird. Im Zustand der Veräußerlichung, der Bindung an Außenwelterfahrungen verliert sich der Mensch und vermag den inneren Weg weder zu erkennen noch zu gehen.

Im pratyahara finden Übende den Gleichmut, der von den Äußerlichkeiten der Welt unabhängig macht. Man ist dann nicht mehr Knecht seiner Sinne, sondern Meister über sich selbst, wie es mir Swami Satchidananda so schön sagte. In der Phase pratyahara vollzieht sich die Wende nach innen, beginnt die Vorbereitung und Einstimmung des Bewußtseins auf dharana, die uneingeschränkte Konzentration auf eine Thematik, die zum samadhi führen kann.

Dharana, Sammlung.

Im Achtfachen Pfad bedeutet dharana Sammlung geistiger Kräfte, Konzentration ohne Anspannung. Gesammelte Konzentration macht Bewußtsein und Seele bereit zur Aufnahme einer Thematik, eines Inhaltes, die in die Meditation übergehen.

In dharana sollen die Voraussetzungen zur Verinnerlichung geschaffen werden. Geistige Kräfte in Bewußtsein und Seele zu sammeln ist das Ziel, damit Übende ohne jede Ablenkung in die Meditation eingehen können. Bei diesem hohen Grad der Verinnerlichung stellt sich ein ungewöhnlicher Zustand ein, der sich von einem Alltagsbewußtsein ganz wesentlich unterscheidet. Zahllose Störungen sind ausgeschaltet und die mentalen Prozesse unter Kontrolle. Besonders die von den Sinnen erzeugten Eindrücke und die daraus folgenden Bewegungen des äußeren und inneren Menschen sind beseitigt. In diesem Zustand der Kontrolle und Selbstbeherrschung, der frei ist von jeglichem Zwang, findet sich der Mensch in einer Ordnung, die ihn zum Meister über die ihm innewohnenden Kräfte macht. Im Alltag sind Gelegenheit und Versuchung groß, innere Kräfte übermäßig zu vergeuden, sie für Unwesentliches zu verbrauchen. Wer meditieren will, muß seine geistige Energie nach innen konzentrieren wie es Patanjali deutlich macht. Auch die Verstandestätigkeit, die sich mit den Notwendigkeiten und Aufgaben befaßt, die das Alltagsleben fordert, muß ausgeschaltet werden. Ratio und Kopflastigkeit stören und verhindern die Sammlung.

In der Phase dharana ist der Mensch zu einer tiefen Verinnerlichung gelangt, die es möglich macht mit dem Unbewußten in Verbindung zu kommen und sich dem eigenen Urgrund anzuschließen. Im konzentrativen Zustand kann eine Thematik ins Bewußtsein übernommen werden, die in der Meditation zur Erfüllung einer starken inneren Sehnsucht führen kann. Wer in diesem Stadium der Sammlung in sich hineinhorcht, kann auf Wünsche geistiger Natur stoßen, deren Erfüllung oft sehnliches Anliegen ist. Meldet sich infolge des Absinkens der Bewußtseinsschwelle ein Wunschthema für die Meditation, kann der Aus- und Aufbau dieser Thematik für die Bildung der Persönlichkeit von Bedeutung sein.

Die Wahl der Thematik, die in die Meditation eingehen wird, hängt von individuellen Ansprüchen und Bedürfnissen ab. Man muß sich für die Wahl eines Themas Zeit nehmen und sich auf die eigene Intuition verlassen. Erweist sich ein Thema als in der Meditation nicht weiterführend, kann man es auch einmal fallen lassen und sich neu orientieren. Der Findungsprozeß für eine Thematik, die Übende in der Meditation weiterführt und die Persönlichkeit formt, kann Monate dauern.

Als Leitmotive, die der Verinnerlichung in der Meditation auf dem inneren Weg gerecht werden können, bieten sich wenige Inhalte an. Hauptthema und gleichzeitig Ziel des Bemühens ist der Achtfache Pfad selbst. Ihn konsequent zu gehen, bestätigt das Streben des Menschen nach Perfektion, Erfüllung und Selbstverwirklichung, ein Streben, das stufenweise zu seiner eigenen Welt und Wirklichkeit wird.

Im Yoga-Sutra sind einige Themen erwähnt, denen Übende auf dem inneren Weg begegnen können, Themen, die in die Meditation übernommen werden können. Es sind erwähnt ORDNUNG und vollendete HARMONIE, losgelöst vom Intellekt und allen Vorstellungen aus Worten und Wissen. Als höchste Erfüllung dem SELBST in reiner Erscheinung zu begegnen und es zu verwirklichen, ist seit Jahrtausenden eines der großen Themen, das Wahrheitssuchenden Anliegen ist. Ich darf und muß es Suchenden überlassen sich intuitiv und meditativ mit dem zu befassen, was im Yoga-Sutra an uraltem Erfahrungsgut überliefert ist. Wer sich damit befaßt, wird seinem Bewußtsein gemäß damit umgehen. Dabei werden sich eigene Erfahrungen einstellen, die das Weitergehen auf dem

Weg bestimmen.

Wenn auch das Yoga-Sutra des Patanjali und sein Achtfacher Pfad in diesem Buch den roten Faden für die Darstellung der Meditation bilden, so muß doch deutlich gesagt werden, daß ein Teil der Thematik späteren Traditionen entspricht. Meine indischen Lehrer waren Schüler des swami und Arztes Shivananda, dem Gründer des Shivananda Ashrams in Rishikesh. Sie halten sich an den großen Rahmen, den Patanjali gesetzt hat. Innerhalb dieses Rahmens messen diese Meister dem mantram des guru, der Rezitation von OM und SO HAM, der Meditation in der Stille und im Licht größte Bedeutung zu. Was in der Meditation durch die Hinwendung zu diesen Inhalten und Themata im Menschen Wirklichkeit wird, hat seit Jahrtausenden Suchende zum samadhi geführt.

Dhyana, Versenkung.

Durch ausdauerndes Üben von dharana erlangt man Versenkung, dhyana. Wer den Empfehlungen Patanjalis folgt und regelmäßig übt, selbstverständlich auch yama und niyama in sein Leben einbezieht, asana und pranayama beherrscht, geht einen ungewöhnlichen Weg und wird ungewöhnliche Erfahrungen machen. Was sich aus den einzelnen Übungen ergibt, wächst allmählich zu einem Ganzen, zu einer Synthese meditativer Erfahrungen zusammen. Dhyana schafft im Bewußtsein erhöhte Bereitschaft zum Eingehen in die geistige Welt. Es ist ein hoher Grad an konzentrierter und kontemplativer Verinnerlichung erreicht. Ein ungetrübtes, von Störungen freies Bewußtsein übernimmt die Schwingungen etwa des Lichtes, eines mantrams, des mantrams SO HAM.

Übung nach dem Achtfachen Pfad schafft eine hohe Affinität des persönlichen Bewußtseins Übender zum Überbewußtsein, zum transzendentalen Bewußtsein. Es kommt zu einer Angleichung der Geistigkeit in diesen beiden Sphären, die zu einer gewissermaßen alchemistischen Einschmelzung in das Große Eine führt. Haben sich Meditierende dazu bereit gemacht, dann werden sie von oben, vom Höchsten in den göttlichen Urgrund aufgenommen aus dem sie sich durch Verblendung, Unwissenheit, Unerfahrenheit und falsche Lebensweise entfernt hatten. Das ist der eigentliche Urzustand vollkommener Geborgenheit im Göttlichen, Transzendenten, dessen jeder Mensch immer und ohne Unterlaß teilhaftig ist und den er durch Meditation erfahren kann, wenn er sich daraus entfremdet hat.

Nun ist die Zeit gekommen, wo ein gewähltes Thema, ich möchte es als „Fahrzeug" bezeichnen, seine Hilfestellung geleistet hat. Die Schwingungen etwa des Lichtes, der Stille, des OM oder des SO HAM haben das Bewußtsein mit ihren Energien und Kräften versehen und bereit gemacht, in samadhi einzugehen. Nun würde jedes Anhaften der Erleuchtung entgegenwirken, auch das Anhaften an das gewählte „Fahrzeug." Meditierende können und müssen nun alles loslassen und geschehen lassen, denn nun kündet sich die große Freiheit von jeglicher Bindung an, eine Freiheit, die uns von oben angeboten ist, in der wir keiner Hilfen mehr bedürfen.

Samadhi, Einswerdung.

Nach Patanjali interpretiert, beinhaltet samadhi das Einswerden des Bewußtseins des Betrachters mit dem kontemplativ Betrachteten. Erkenntnisschau wird erlangt, wenn die sogenannten drei inneren Glieder des Achtfachen Pfades, dharana, dhyana, samadhi zur Vollendung gebracht werden. Höchste, reine Erkenntnis ist jenseits von Täuschungen, wenn der Mensch in sich ruht. So entsteht Harmonie und ewig währende Freude, losgelöst von den Erfahrungen des sinnlichen Erkennens.

In den Sutren werden übersinnliche Erfahrungen erwähnt, Erfahrungen, die sich zum Beispiel als unangeschlagener Klang dem inneren Gehör und als Licht dem inneren Auge darbieten können (siehe auch Kapitel „Der Quantensprung vom Sinnlichen zum Übersinnlichen"). Die Aufhebung der körperlichen Schwere gehört ebenfalls zu den transzendentalen Phänomenen, die auf dieser Stufe möglich werden. Die Herauslösung aus den Bedingtheiten von Raum und Zeit wird erfahrbar und der Mensch geht in die grenzenlose Freiheit ein, die sein Wesen in das Universum und dessen Energien einbindet.

Am Ende des meditativen Weges der Einswerdung im samadhi haben sich die geistigen Kräfte voll entfaltet und in die Existenz des Menschen eingebracht. Im samadhi ruht der Mensch in sich selbst und erfährt in der Vergeistigung seines Wesens ungetrübte, immerwährende Freude. Er wird von den transzendentalen Kräften erfaßt, erfüllt und angenommen. Das ist die Einschmelzung des persönlichen Bewußtseins in die Unendlichkeit des transzendentalen, göttlichen Bewußtseins. Dieser Einschmelzungsprozeß kommt der Geburt des geistigen Menschen gleich, seiner zweiten Geburt, die zur leiblichen Geburt das Komplementär bildet. Nun ist der Mensch zu seiner Ganzheit herangereift, zu einer Persönlichkeit, die ihr eigenes SELBST verwirklicht hat. Für nach Wahrheit Suchende ist Meditation das Medium, das diese Wandlung ermöglicht. Worte, Vergleiche und Bilder reichen nicht aus um den Zustand unendlicher Glückseligkeit zu beschreiben, der durch die Einfaltung, die Einschmelzung des persönlichen Bewußtseins in das Überbewußte der transzendentalen, geistigen Welt erfahren wird. Samadhi ist Einswerdung mit dem Höchsten, mit der ganzen Schöpfung, Erleuchtung in der Erfahrung des SELBST.

ICH BIN DAS SELBST
OHNE ANFANG UND OHNE ENDE
EWIG LEUCHTEND
GÖTTLICH
UNENDLICH

Wie nun meditieren Meister und Weise? Während meines Aufenthaltes in Indien wurde diese Frage nie aktuell. Wenn ich mich heute in die Meditationsstunden mit Swami Rama zurückversetze, stellen sich innere Erkenntnisse ein, die sich in der eigenen Meditationspraxis über Jahrzehnte bewahrheitet haben.

Eingeweihte meditieren täglich. Sie leben während der Meditation in der geistigen Welt. Meditation ist ihr Lebensstil, eine Wirklichkeit im Alltag. Für Eingeweihte besteht kein Unterschied zwischen der Wirklichkeit in der Meditation und ihrem Alltag, den sie meditativ leben. Wenn sie meditieren tritt das Alltagsbewußtsein hinter den Erfahrungen zurück, die sich in den Stunden reiner Meditation einstellen. Weise verbringen einen großen Teil ihres Lebens in Meditation. Um in die Meditation einzugehen benötigen sie kein „Fahrzeug", das sie in die geistige Welt führt. Sie sind dafür durch ihr Leben in Askese und ihre innere Haltung offen. Sie gehen ihren Weg in reicher spiritueller Erkenntnis, sie sind erleuchtet. Wenn Meister sich zur Meditation hinsetzen, dann geschieht es aus einem tiefen, inneren Bedürfnis heraus und in restloser Hingabe an das Höchste. Erleuchtete reden nicht über samadhi. Sie bewahren ihr Mysterium in ihrem Herzen als ein Kleinod von unbeschreiblichem Glanz.

Vorbereitung zur Meditation

In der Meditation gehen Menschen einen ungewöhnlichen Weg, der zu Ungewöhnlichem führt.

Für die Wahl einer Meditationsmethode und einer kompetenten Lehrkraft soll man sich Zeit lassen. Auch bedarf es einer Vorbereitungsphase während der man sich über den inneren Weg, was er bedeuten kann und was er von Meditierenden fordert, Klarheit verschaffen sollte. Ich meine, daß es wichtig ist, sich einer bewährten Methode zuzuwenden, die auf alten Traditionen gründet und damit unser Vertrauen bei einer doch sehr wesentlichen Entscheidung rechtfertigen kann. Die jahrtausende alte Tradition des Yoga erweist sich als solides Fundament für eine körperliche und mentale Übungspraxis, die vom Lehrer zum Schüler weitergegeben wurde und auch in den Schriften ihren Niederschlag gefunden hat. Die Meditation ist in einen weiten und tiefgründigen Kontext eingebettet mit dessen Inhalten sich Meditierende auseinandersetzen müssen, wobei die Lehre von den chakras und den koshas integrale Bestandteile sind.

Der Achtfache Pfad des Patanjali (Yoga-Sutra) kann dem Wunsch nach Erkenntnis gerecht werden und bietet klare Grundlagen zur Übung. Meditierende werden auf ihrem Weg den Reichtum der Lehre zunehmend intensiver erfahren, so wie sich ihr Bewußtsein weitet und die Welt des Geistes integriert. Das Fortschreiten auf dem spirituellen Weg bedarf verläßlicher Konzepte, die stufenweise in die Methode der Meditation und in die Persönlichkeit einbezogen werden können.

Zur Vorbereitung für eine Meditationspraxis gehört der feste Entschluß, sich regelmäßig Zeit zu nehmen und bereit zu machen für neue Erfahrungen und Erkenntnisse. Es ist ein ungeschriebenes Gesetz der inneren Entfaltung, daß genau das auf den Menschen zukommt, dessen er bedarf und was er zu ertragen in der Lage ist. Die Meditation wird bei jedem Menschen ihren individuellen Verlauf innerhalb dieser Grenzen nehmen. Was nicht einer angepaßten inneren Entwicklung entspricht, wird sich nicht ergeben oder wird noch nicht verstanden. Das zeigt sich in der hermetischen Verschlüsselung zahlreicher Grundsätze innerhalb der Yogalehre. Sie werden erst offenbar, wenn die dazu erforderliche Entwicklungs- und Schwingungsebene durch Übung erreicht ist.

Hier ist eine Warnung am Platz. Hat sich durch Erkrankungen im psychosomatischen Bereich eine geringe Belastbarkeit des Menschen manifestiert, eine Labilität oder eine geschwächte Widerstandsfähigkeit gezeigt, dann ist von einer Meditation vorerst abzuraten. Personen, die in psychiatrischer, psychologischer oder psychotherapeutischer Behandlung sind, sollen grundsätzlich nicht meditieren. Diese Warnung gilt so lange bis Fachkräfte in der Ausübung einer Meditationspraxis eine Hilfe für das Überwinden psychischer oder physischer Krankheitszustände sehen. Einen Sonderfall bilden Depressionen, deren Verlauf durch Meditation sowohl günstig als auch ungünstig beeinflußt werden kann. Bei endogenen und schweren Depressionen ist auf jeden Fall von Meditation abzuraten, ob Betroffene in Behandlung stehen oder nicht. Bei Depressionen leichterer Art, die periodisch auftreten und ihre Begründung in persönlichen Lebensbedingungen haben, kann Meditation heilsam wirken, wie dies in zahlreichen Fällen nachgewiesen ist. Betroffene werden leicht erkennen wie Meditation auf ihren individuellen Zustand wirkt und die entsprechenden Konsequenzen ziehen.

Der Verlauf der Meditation wird durch äußere Faktoren mitbestimmt. Der Meditationsraum soll ruhig, hell, gut gelüftet und temperiert sein. Er wird durch regelmäßige Meditation zu einem Ort der Kraft mit einer besonderen Ausstrahlung. Der Tradition gemäß liegt die optimale Zeit zur Meditation am frühen Morgen, in den Stunden der Dämmerung zwischen vier und sechs Uhr. Sie wird in Indien brahma-muhurta genannt. Das ist die Zeit, in der das himmlische Yang, das ab Mitternacht im Wachsen begriffen ist, das erdhafte Yin, das Dunkle, Ruhende ablöst. Es ist die Zeit des neu anbrechenden Tages, die sich zur Meditation besonders eignet. Eine Zeit in der das Lichthafte zunimmt, kann im Bewußtsein des Menschen ihre Kraft wirksam werden lassen.

Meditation am Abend hat auch ihre Besonderheiten. Sie steht unter den regenerativen Kräften des Yin, das ab Mittag zunimmt bis es um Mitternacht die Optimalzeit erreicht. Wächst die Kraft des Yin, nimmt das aktive Yang ab und räumt dem Ruhenden die Vorherrschaft ein. Die Gestaltungskräfte des Universums, die im Yin und Yang zur Entfaltung kommen, wirken auf Meditierende sehr intensiv ein, wenn sie sich ihnen bewußt hingeben. Wer sich in die Energiefelder und den Kräftefluß des Universums einfügen kann, wird davon ergriffen und geformt.

Die Himmelsrichtung, nach der sich Meditierende ausrichten, hat einen weiteren, wesentlichen Einfluß auf das Geschehen in Leib, Seele und Bewußtsein. Setzt sich der Mensch als Mikrokosmos zur Meditation mit dem Gesicht nach Norden, ist er in Nord-Süd-Richtung im Erdmagnetfeld und, zusätzlich durch den aufrechten Sitz, in der Senkrechten der Erdachse im Universum ausgerichtet. In dieser Position sind der Organismus, die chakras und der feinstoffliche Körper in das Kraftfeld der Erde und des Kosmos einbezogen und davon beeinflußt. Der Sitz mit Nord-Orientierung wird in Indien bevorzugt. Mein guru sagte mir bedeutungsvoll, daß am frühen Morgen Millionen von Menschen nach Norden orientiert meditieren und daß ich mich in diesen gewaltigen geistigen Kraftstrom einfügen könne. Die Sitzorientierung nach Osten ist eine Hinwendung zum aufsteigenden Licht. Das Licht ist in der Meditation eine wesentliche Erfahrung und so prägt die Ausrichtung im Meditationssitz zum östlichen Horizont das Bewußtsein.

Am Morgen, vor der Meditation, soll etwas warmer Tee, Milch oder Wasser getrunken werden, denn ganz nüchtern ist Meditation ebenso wenig angezeigt wie nach einer Mahlzeit. Wer einen inneren Weg geht, wird sich maßvoll und selektiv ernähren, möglichst auf

Vollwertkost achten und vegetarische Ernährung bevorzugen. Der Konsum von Genußmitteln, Alkohol, Tabak und Drogen ist der Meditation abträglich.

Es liegt mir viel daran in diesem Buch auch meine persönlichen Erfahrungen mit der Meditation darzulegen. Unter Meditation verstehe ich einen Entfaltungsprozeß, der den ganzen Menschen erfaßt. Die Entwicklung, die sich in einer Meditationspraxis durch Übung ergibt, folgt einem geistigen Weg, der von Weisen und Eingeweihten begangen wurde und immer noch begangen wird. Sie haben darüber berichtet und für Suchende festgehalten wie sich der Weg der geistigen Entfaltung gestalten läßt. Es bedarf langer Zeit der Übung und Auseinandersetzung mit den Lehren Erfahrener bis es möglich wird, sie wirklich anzunehmen und ins Bewußtsein zu integrieren. Viele Interpretationen, die heutzutage entstanden sind und verbreitet werden, treffen das wahre Wesen der Lehre nicht, das die traditionellen Methoden beinhalten und vermitteln möchten.

Zentrale Bedeutung kommt in der Meditation dem Bewußtsein zu. Wir bedürfen eines geistigen Mediums, man könnte sagen eines „Fahrzeuges," das geeignet ist das Bewußtsein zu wandeln. Die Wandlung besteht darin, daß Schwingungen verfügbar werden, die dem Bewußtsein die nötigen Impulse geben, um sich von einer Schwingungsebene zur nächsten zu entfalten.

Es wäre verfehlt, sich mit dem Verstand ein konstruiertes Meditationsthema zurechtzulegen. Solches Vorgehen stößt an Grenzen, die dem Verstand in Zeit und Raum gesetzt sind, wodurch der entsprechenden Meditation das Einschwingen in die geistige, spirituelle Welt versagt bleibt. Sehr viele neuzeitliche Meditationspraktiken bleiben in der Sinnenhaftigkeit und Grobstofflichkeit verhaftet, weil das Thema eben aus diesen Bereichen gewählt wurde. Die traditionelle, indische Meditation war immer grundsätzlich auf die Förderung des Menschen in seiner Spiritualität bedacht. Diese Tradition, wie auch der Achtfache Pfad des Patanjali, maßen der Abkehr von den Störungen durch die Umwelt und der Einkehr in die Stille grundlegende Bedeutung für die Meditation zu.

Ein „Fahrzeug“, das Meditierende weiterführen kann ist die Stille. In der Stille, im inneren Schweigen, entfalten sich Kräfte und wachsen Einsichten, die zur Begegnung mit dem Höchsten führen können. In der Stille kann der Mensch frei werden um sich selbst zu begegnen und auf dem spirituellen Weg weiter zu gehen. Man kann diese Form der Meditation als Stillemeditation bezeichnen, wobei sie erst den Einstieg auf dem Weg zur höchsten Erfahrung darstellt. Dasselbe gilt von der Lichtmeditation, wo die Konzentration auf das Licht dem Bewußtsein eine spirituelle Schwingungsfrequenz vermittelt, die Erfahrungen auf der geistigen Ebene möglich macht. Eine sogenannte Lichtmeditation ist also nicht die Erfahrung an sich, sondern das Fahrzeug, das das Bewußtsein zur Erleuchtung führt.

Meditation ist ein Zustand vollkommener Versenkung, in der die Wahrnehmung von Zeit und Raum schwindet. Swami Rama sagte mir, „Du mußt wissen wie Du zur Meditation abhebst aber auch, wie Du wieder landen (zurückkommen) wirst“. So ist es ratsam, sich zu Beginn der Meditation auf eine bestimmte Dauer einzustellen um das Bewußtsein entsprechend zu programmieren. Nach einiger Zeit der Übung löst sich das Bewußtsein dem Vorsatz gemäß aus dem Zustand der Versenkung heraus und das Tagesbewußtsein kehrt sanft zurück. Meditierende sollen weder durch Personen noch durch Störungen irgendwelcher Art brüsk aus dem Zustand der Versenkung herausgerissen werden. Bis die innere Uhr Meditierender die Meditation mit der gewünschten Sicherheit beendet, kann auch ein geräuscharmer Wecker gute Dienste leisten.

Es folgen einige Meditationen aus der indischen Tradition. Suchende können die ihnen entsprechende Meditationsform wählen. Es ist nicht nötig verschiedene „Fahrzeuge“ zu benützen, denn ein einziges kann in ausdauernder Übung zu höchsten Erfahrungen führen.

Stille und Stillemeditation

Im Schweigen öffnen sich die Schleusen zum transzendentalen Bewußtsein.

Stille ist ein kostbares Gut, das uns verlorenzugehen droht. Innere Stille zu schaffen ist ein Gebot des Patanjali auf dem Weg zu sich selbst: zur Ruhe kommen jeder Bewegung durch Ruhigstellen des Körpers im Lotossitz und durch das Ruhigstellen der Gedanken. Um diesen ungewöhnlichen Seinszustand zu erfahren, muß der Mensch Meisterschaft über sich erlangen. Diesen besonderen Zustand des Stilleseins erfährt der Mensch weder im Alltag noch im Schlaf. Patanjali wußte wohl, warum er uns als wichtige Übungen pratyahara, das Abschalten der Sinnestätigkeit und dharana, die Konzentration empfohlen hat und dies zu einer Zeit, wo die Reizüberflutung unserer Tage noch völlig unbekannt, die Welt noch ganz wesentlich ruhiger war.

Ohne einen hohen Grad an Sammlung in der Ruhe und ohne innere Stille ist Meditation nicht möglich. Ein großer Meister, Sri Ramana Maharshi von Tiruvannamalai wies auf die Bedeutung der Stille für die Selbstfindung und Selbstverwirklichung hin, er hat die Stille zum Thema der Meditation gemacht. Sri Ramana Maharshi hat geschwiegen, schweigend gelehrt und eine großartige Botschaft an Übende hinterlassen: „Das SELBST ist nicht nur am leichtesten zu kennen, sondern außer ihm gibt es überhaupt nichts anderes zu kennen. Alles, was nötig ist das SELBST zu verwirklichen, ist still zu sein. Und was wäre leichter als das!"

Stille ist ein Thema der Meditation und führt den Menschen zu seinem Ursprung. Um die Stille in ihrem tiefen Gehalt wahrzunehmen, bietet sich auch der Aufenthalt in ungestörter Natur an. Es ist besonders eindrücklich in einer abgelegenen Landschaft, an einem großen Wasser in die Stille zu gehen und in die Stille hineinzuhorchen. Nimmt man Stille wahr, legt sich unendlicher Frieden auf die Seele, das Bewußtsein wird klar und jede innere Regung verstummt. In der Stille kann der Mensch innerlich wachsen.

Stille kommt aus dem Schweigen. Schweigen ist mehr als nicht sprechen, es ist inneres Schweigen ohne jede Bewegung der Gedanken und des Gemütes. Für zahlreiche Menschen ist minutenlanges Schweigen schon eine schwierige Übung. Schweigt man über Stunden und Tage dann wird man erfahren, was Schweigen eigentlich bedeutet. Das, was nach dem Schweigen folgt ist das Wesentliche, es ist das unschätzbare Geschenk, das die Stillemeditation für uns bereithält.

Reden und Denken beanspruchen sehr viel Energie und bedeuten einen Verschleiß von Kräften, die für die innere Entwicklung verlorengehen. Yin-Kraft wird durch andauernden Einsatz von Yang-Aktivität beeinträchtigt. Stille schafft Yin-Energie als regenerative Kraft.

Meditation induziert im Gehirn Alpha-Wellen. Sie können Überaktivität eindämmen und zur Ordnung bringen. Krankmachende Störschwingungen, wie sie auch der Lärm aufweist, werden durch harmonisierende Alpha-Wellen aufgehoben. Störschwingungen führen zur Zerrüttung des Nervensystems, beeinträchtigen den feinstofflichen Organismus und die Chakrafunktionen, was körperliche und seelische Entgleisungen zur Folge haben kann. Dauerbelastungen durch Lärm schwächen das Immunsystem und damit die Abwehrkraft des Menschen. Reizüberflutungen sind bedenklicher als allgemein angenommen wird. Umso heilsamer ist die Stille, sie ist eine Not-Wendigkeit für den heutigen Menschen. Die Stille hat ihre eigene Gesetzmäßigkeit, die wir in die Meditation einbeziehen und nutzen können.

In der Stille öffnen sich die Schleusen zum tranzendentalen Bewußtsein, zu den numinosen, unerfahrenen Tiefen des Menschen. Stille dringt durch zu unbewußten, archetypischen Inhalten der menschlichen Seele, zu ganz großen Erfahrungen. Stille öffnet die Tore zu den dunklen Tiefen und den lichten Höhen des menschlichen Bewußtseins. Spirituelle Bereiche können in der Stillemeditation aufgeschlüsselt und erfahren werden, sie weiten das Bewußtsein des Menschen in der geistigen Welt und erschließen ihm seine Urheimat, in der er sich getrost niederlassen kann.

In der Stille wird die Seele frei von Überreizungen und Überforderungen, frei, sich gemäß ihrer Sehnsucht nach Frieden zu entfalten. Aber, wo sind die Stunden der Stille geblieben, die Morgenstunde der inneren Einkehr und die Stunde friedlicher Besinnung und Andacht am Abend? Sie sind ein Privileg jener geworden, die sich diese Freiheiten bewahrt haben, die sich hinsetzen, sich der Stille hingeben um in der Stille sich selbst und dem Höchsten zu begegnen.

Und nun meditiere.
Am gewohnten Ort die Matte ausbreiten.
Sich im Meditationssitz sehr korrekt hinsetzen.
Sinnentätigkeit und Denken abschalten.
Konzentration auf die Stille.
Sich der Stille überlassen und in die Stille eingehen.

Licht und Lichtmeditation

In der Meditation führt das Licht den Stufenweg entlang zur Erleuchtung.

Erleuchtung ist der Endzustand der Integration des Lichthaften in das Bewußtsein des Menschen. In der Meditation steht Licht als Symbol höchster Erkenntnis, höchster Bewußtheit. Licht als physikalisches Phänomen ist das Licht der Sonne. Die Sonne strahlt ihre Energien ins Universum, sie macht Leben auf der Erde möglich. Licht im symbolischen Sinn leiht sich dem mystischen Menschen als ein Phänomen, das seine geistige Welt lebendig werden läßt und gestaltet.

Die Schöpfung hat das Licht aus dem Dunkel hervorgebracht und damit ist Licht in die Welt und in den Menschen gekommen. Seither begleiten Licht und Schatten als Polaritäten den Menschen durch das Leben. Licht als Bewußtheit und Schatten als Unbewußtheit sind in des Menschen Seele eingebettet und versehen ihre Funktionen in der Gestaltung der Existenz.

Die aus den Polaritäten von Hell und Dunkel bewußt und unbewußt entstehenden seelischen Probleme, im scheinbar fördernden und scheinbar behindernden Sinn zu erkennen, einzuordnen, zu verstehen und in das Leben einzubeziehen, ist eine der großen Aufgaben, die dem Menschen gestellt sind. Es geht um die Arbeit an der eigenen Persönlichkeit, die der Perfektion harrt. Meditation bietet sich dazu an. Zwischen den Kräften des Lichtes, dem Yang, und den Kräften des Schattens, dem Yin, ein harmonisches Verhältnis zu finden und zu festigen ist ein Prozeß, der den Menschen in der Individuation seiner Persönlichkeit voranbringt. Licht und Schatten in harmonische Interdependenz zu bringen ist in der Lichtmeditation möglich.

Das helle Yang und das dunkle Yin sind, gemäß alter chinesischer Weisheit, Funktionen des Lebens, das uns gegeben ist solange diese beiden Kräfte uns bewegen. Das physische Leben schwindet, wenn sich das Yang vom Yin trennt. Ist die Zeit der Wiedergeburt gekommen, wird sich das dunkle, weibliche Yin dem lichthaften, männlichen Yang verbinden und in dieser Bindung neues Leben und neues Bewußtsein schaffen. Dies ist der Kreislauf von Licht und Schatten, Bewußtheit und Unbewußtheit, Leben und Tod. Es ist ein Kreislauf, der tief in der Schöpfung wurzelt, der ohne Anfang und Ende in Ewigkeit das Universum gestaltet.

Das leibliche Auge nimmt physikalisches Licht wahr. Das „Dritte Auge" nimmt das innere Licht wahr. Das „Dritte Auge", auch ajna-chakra genannt, schaut das Licht, das der geistigen Welt eignet. Es ist das „Wahrnehmungsorgan", das Meditierenden die Orientierung in der Welt mystischer Erfahrung möglich macht. Meditierende bedürfen des inneren Lichtes um den inneren Weg zu erkennen, ihn bewußt zu machen und stufenweise gehen zu können. Inneres Licht macht ein Leben im Geist und das Fortschreiten in der geistigen Welt möglich.

Es sind kleine Erleuchtungen, die schrittweise die Inhalte der Chakrastufen deutlich und in der Meditation erreichbar machen. Mit dem Aufsteigen des Bewußtseins in den chakras vollzieht sich ein zunehmender Integrationsprozeß. Dieser lichthafte Prozeß wird im ajna-chakra wahrgenommen, im Lichtchakra, das einerseits die geistige Welt wahrnimmt und andererseits die Prozesse steuert, die in der geistigen Welt Wirklichkeit werden können.

Meditation im ajna-chakra verwurzelt den Menschen in seinem geistigen Urgrund und wandelt ihn zu einem spirituellen Wesen im Licht. Mit dem Fortschreiten auf dem geistigen Pfad wird die Kraft des Dunkeln zunehmend als integrative Kraft, als zum Leben gehörend, erfahren und verstanden, wodurch die Bedrohlichkeit des Dunkeln abnimmt und schlußendlich schwindet. Die unbewußten Bedrohlichkeiten und Ängste erfahren durch Bewußtwerdung eine Beschränkung, weil sich Dualitäten zurückbilden und für das Leben an Bedeutung verlieren. Der Mensch, der Hell und Dunkel in seiner Persönlichkeit integriert hat, kennt keine Dualitäten, keine Zwiespältigkeiten mehr. Seine Wirklichkeit ist das große EINE, in dem es kein Zweites mehr gibt, ein Bewußtsein, das über den Dingen und deren Dualitätsprinzip steht, ein erleuchtetes Bewußtsein.

In der Lichtmeditation ist die Konzentration auf eine Kerzenflamme bekannt. Die Inder nennen sie tratak und wenden sie auch als Reinigungsübung für die Augen an, weil beim unverwandten Starren in das Kerzenlicht die Augen zu tränen beginnen, was die Reinigung der Tränenkanäle bewirkt.

Man nimmt einen Meditationssitz ein. Etwa zwei Meter entfernt brennt eine Kerze in Augenhöhe auf einem Schemel. Mit stark geöffneten Augen blickt man unverwandt in das Licht, ohne davon abzuschweifen oder mit den Augen zu zwinkern. Gelingt es den Schließreflex der Augenlider auf ungefähr eine Minute auszudehnen, können die Augen geschlossen werden. Der innere Blick ist auf das ajna-chakra gerichtet. Es stellt sich nun, physiologisch bedingt, das Nachbild des Kerzenlichtes auf der Netzhaut ein, es wird innerlich sichtbar. Allmählich verliert sich das Nachbild und es kann ein inneres Licht aufgehen. Die Schwingungen des Lichtes erfassen das Bewußtsein und führen Meditierende zu kleinen und großen Erleuchtungen.

Erwähnenswert ist bei diesem Vorgang die Transformation des Phänomens Licht, von der konkret faßbaren Flamme zu einem geistigen Phänomen. Es ist ein Prozeß, der in der Meditation geschieht als Wandlung vom sinnlichen Wahrnehmen zum übersinnlichen Wahrnehmen. Das milde Licht einer Kerze ist für die Einleitung einer Lichtmeditation sehr geeignet. Es fördert den Vorgang der Verinnerlichung des Lichthaften und bringt ihn dem Bewußtsein näher. Aus dem physischen Licht wird ein geistiges als ein Zustand des Bewußtseins. Das ist das Licht der Erleuchtung oder einer Vorstufe zur Erleuchtung.

Und nun meditiere.
Am gewohnten Ort mit Andacht die Matte ausbreiten.
Sich im Meditationssitz sehr korrekt hinsetzen.
Sinnentätigkeit und Denken abschalten.
Konzentration auf das innere Licht.
Den Prozeß der Identifikation mit dem Lichthaften zulassen.
In das Licht eingehen.

Meditation über OM

OM ist mantram, Schwingung, die das Bewußtsein ins Transzendentale weitet.

OM ist Urlaut, das Wort, das am Anfang war. OM ist allumfassendes Bewußtsein. OM ist Initiation zum geistigen Weg. OM ist mantram zur Meditation, ist Schwingung, die das Transzendentale erreicht. OM führt zum samadhi.

Das Ur-mantram OM schwingt im Wesen des ganzen Menschen. Im OM tönen die Laute A / U / M. Der Laut A schwingt im Physischen, U im Mental-Spirituellen und M im Unbewußten. In der Deutung der Silbe OM kennt man verschiedene Interpretationen, die jedoch für die Anwendung und Wirkung nicht von Belang sind. Wer mit dem mantram OM umgeht, wird von dessen Vibrationen erfaßt und geformt, wie immer die verstandesmäßigen Interpretationen sein mögen. Die Wirkungen auf das Bewußtsein entsprechen immer dem Menschen, der mit den Vibrationen des OM in Resonanz kommt.

In den alten Schriften und Anweisungen über OM wird ausdrücklich betont, daß nicht das ausgespochene OM die größten Kräfte entfaltet, sondern daß das unausgesprochene, innerlich rezitierte OM im Bewußtsein die wesentlichen Prozesse auslöst. Das gesprochene Wort, das über die Lippen kommt und sinnlich über das Ohr gehört wird, vermag nicht die feinen Schwingungen zu erzeugen wie das lautlos im Bewußtsein schwingende OM. Sinnliches schwingt auf einer anderen Ebene als Spirituelles.

Das gesprochene OM hat aber ebenfalls seine Bedeutung. In Indien habe ich beobachten können wie yogis während der Ausführung von asanas flüsternd mantrams rezitierten. So erfaßt und formt OM den Menschen in Leib und Seele, in seiner Grobstofflichkeit und in seiner Feinstofflichkeit.

OM wird vorzugsweise in langsamer oder schneller Folge innerlich rezitiert. Ein naturgegebener Rhythmus ist der Herzschlag, nach dem sich die Rezitation richten kann. OM läßt sich auch in den Atemrhythmus eingeben: mit OM einatmen und mit OM ausatmen. Dabei soll die natürliche Atemfrequenz nicht verändert werden. Für die Rezitation des OM ist eine Basiszahl von 108 mal oder ein Vielfaches davon überliefert. Näheres darüber findet sich im nächsten Kapitel über die Rezitation des mantrams SO HAM.

Im OM schwingt prana als Energie, die im Menschen Lebensprozesse in Gang bringt und optimiert. Von ganz besonderer Bedeutung sind die Schwingungen des OM in den chakras, die mit den Vibrationen des mantrams in Resonanz treten. In den chakras setzt das mantrische OM Impulse zur Erfüllung ihrer Funktionen. OM stellt Verbindung her zwischen Meditierenden und ihrem Urgrund. Wer darauf achtet, was bei der Rezitation von OM innerlich geschieht, wer OM in der Stille ausklingen läßt um wahrzunehmen, was nach dem OM ist, wird im Echo des OM Unerfahrenes erleben. OM führt aus Raum und Zeit in die Freiheit der geistigen Welt.

OM ist nicht nur als Klangsymbol, sondern auch als graphisches Symbol bekannt. Graphisch wird es in drei schwungvollen Bögen dargestellt, die auseinander hervorgehen und von einer Schale überhöht sind, die, nach oben offen, ein Kleinod birgt, ein Symbol höchster Erkenntnis. Die drei Bögen stehen für die Trilogie Wachen, Träumen, Tiefschlaf. Das Kleinod, in der Schale als Punkt dargestellt, steht für das SELBST. Konzentration auf OM mit seiner magischen Kraft öffnet Meditierenden den Weg zum SELBST.

Und nun meditiere.
Am geeigneten Ort mit Andacht die Matte ausbreiten.
Sich im Meditationssitz sehr korrekt hinsetzen.
Sinnentätigkeit und Denken abschalten.
Konzentration auf OM.
OM innerlich rezitieren.
Mit OM EINS werden.

Meditation mit dem mantram SO HAM

Das mantram ist die Meditationsaufgabe, die der geistige Lehrer seinem Schüler auf den Weg gibt.

Eine echte Lehrer-Schüler-Beziehung kommt zustande, wenn der guru seinen Schüler findet, dessen er sich annehmen möchte, um ihn zu fördern. Kennt der guru seinen Schüler nach längerer Unterweisung, wird er ihm als Meditationsaufgabe ein zu ihm passendes mantram geben. Für die Komposition eines mantrams stehen aus alter Tradition unzählige Silben und Varianten zur Verfügung, deren Schwingungen geeignet sind, den Schüler in der gewünschten Richtung zu formen und seine Persönlichkeit zu fördern.

Mantrams entstammen einem geistigen und sprachlichen Urgrund von unendlicher Kraft und Symbolik. Sie beruhen auf alten Erkenntnissen, die sich in Wort- und Tonfolgen verdichtet haben und deren Schwingungsmuster auf Seele und Bewußtsein einen starken, nachhaltigen Einfluß nehmen. Die rhythmische Rezitation von mantrams leitet mentale und physische Prozesse ein, die den Menschen in seinen Urtiefen, aber auch in seinem Tagbewußtsein formen. Mantrams führen den Menschen zu seinen Wurzeln und verankern ihn in der transzendentalen Welt. Sie verleihen ihm Sicherheit und Selbstvertrauen, ebnen den Weg zur Selbstverwirklichung. Das mantram des guru entfaltet das Bewußtsein des Schülers und öffnet es für spirituelle Erfahrungen. Das mantram, das der guru dem vorbereiteten Schüler verleiht, ist die Initiation in den Höheren Yoga. Die Meditation mit dem mantram nimmt auf die Persönlichkeit des Schülers entscheidenden Einfluß, so wie es sein geistiger Lehrer als richtig und wirksam befunden hat.

Ein in Indien sehr verbreitetes mantram ist SO HAM, das sich in seiner Funktion als Lösungsmantram gut zur Übung eignet. SO HAM, als mantram rezitiert, setzt das Bewußtsein aus Bindungen frei und kann seelische Hemmungen lösen. Zwangsvorstellungen werden abgebaut. Das mantram SO HAM leitet, ausdauernd praktiziert, einen der wesentlichsten Lösungsprozesse ein, dessen der Mensch in der westlichen Gesellschaft bedarf: die Lösung von einseitigem intellektuellem Denken in Kategorien und von einer materialistischen Grundhaltung. Während seines Lebens geht der Mensch zahlreiche Bindungen an Vorstellungen und Verhaltensweisen ein, die dem geistigen Fortschritt hinderlich sind. Derartige Fixierungen machen den Menschen unfrei und besetzen sein Bewußtsein mehr oder weniger umfassend.

Ein mächtiger Störfaktor für eine freie innere und spirituelle Entwicklung ist das Festhalten am rein Materialistischen in dieser Welt, eine Bindung an die Dinge und die Abhängigkeit von Klischees und vom Konsumdenken. Nach den tiefen und weisen Erkenntnissen Wissender ist die Welt, die wir mit den Sinnen wahrnehmen, eine Welt der Täuschung, eine Sinnestäuschung, maya. Die Bindung und Hingabe an diese Welt der Täuschung muß somit ein Irrtum sein, der zu keinen tieferen Erkenntnissen, schon gar nicht zu letzten Wahrheiten führen kann.

Ein Leben in einer Welt der Täuschung wird jenen, die sich an sie klammern, die wahre Wirklichkeit vorenthalten. Und nach der Erkenntnis der Weisen ist die geistige Welt die Wirklichkeit, in der zu leben wir berufen und auch fähig sind.

Wer meditiert und das mantram SO HAM rezitiert, wird zunehmend die Bedeutung des Materiellen ins Verhältnis zum Geistigen setzen und die Vergänglichkeit der Dinge erkennen. Das ist der Beginn einer Entwicklung hin zum Spirituellen und zu einer geistigen Welt, wo Beständigkeit und Wahrheit neue Maßstäbe setzen.

Das mantram SO HAM weist einen unendlich tiefen Sinn auf. Es meint im übertragenen Sinn: „ICH BIN DAS SELBST." Das SELBST des Menschen ist dem Höchsten verbunden, wie immer Meditierende dieses Höchste erfahren und erleben: als das Göttliche, die Allmacht, das Mutter-Vater-Prinzip. Sich in der Meditation mit dem Höchsten vereinigt zu erfahren, ist letzte Erfüllung, samadhi.

Meditation mit dem mantram SO HAM führt das persönliche Bewußtsein zur Anjochung an das transzendentale Bewußtsein, zur Selbst-Verwirklichung. Wer diesen Weg geht, wird freiwillig die Konsequenzen auf sich nehmen, die ein Leben in diesem Bewußtsein mit sich bringt.

Mantrams werden im klassisch überlieferten Sinn in Zyklen rezitiert, oft mit Hilfe einer Malakette. Ein Zyklus umfaßt 108 Stationen. Dementsprechend sind für eine Malakette 108 Kugeln, vorzugsweise aus Sandelholz oder aus Samenkernen, etwa von der Lotosblume, auf eine Schnur aufgezogen. Eine 109., etwas größere Kugel, zeigt das Ende und gleichzeitig den Anfang der Kette an. Diese Kugel versinnbildlicht den Berg Meru, die Mitte der Welt. Über diese Mitte gehen Meditierende nicht hinaus, wenn sie das mala bei der Rezitation des mantrams durch die Finger gleiten lassen. Am „Berg Meru“ angelangt, wird das mala umgedreht, und die 108 Stationen werden wiederholt. Das mantram wird im Lotossitz rezitiert. Die rechte Hand führt mit Daumen und Mittelfinger die Malakette von einer Kugel zur anderen bis zur Mitte und dreht sie dann um für das Rezitieren eines weiteren Zyklus. Die linke Hand fängt die durch die rechte Hand laufende Kette auf.

Der geistige Lehrer erteilt Lernenden genaue Anweisungen. Guru Nityananda Saraswati hat mir 108 mal 108 Zyklen meines mantrams zur täglichen Rezitation aufgegeben. Dazu benötigt man mehrere Stunden. Auf meinen Einwand, daß so viel Zeit bei uns in Europa nicht selbstverständlich zu erbringen sei, schlug er mir ein „Tagespensum“ von drei Zyklen vor.

Der Sinn der Mantramrezitation mit Hilfe der Malakette liegt nicht nur darin, daß das ablenkende Zählen entfällt. Das Gleiten der Kette durch Hand und Finger setzt einen Automatismus, der sich ins Bewußtsein einprägt und der auch energetische Kräfte erzeugt. Die Verinnerlichung wird sowohl durch die Kraft des mantrams als auch durch die Schwingungen, die sich aus der Führung des malas ergeben, vertieft.

SO HAM kann mit oder ohne Malakette rezitiert werden. Auch ohne die Zyklen zu zählen, in den Atem eingebettet, entwickelt SO HAM spirituelle Kräfte und Fortschritte. SO mit der Einatmung und HAM mit einer tiefen, langen Ausatmung.

Und nun meditiere.
Am geeigneten Platz andächtig die Matte ausbreiten.
Sich im Meditationssitz sehr korrekt hinsetzen.
Sinnentätigkeit und Denken abschalten.
Konzentration auf SO HAM.
SO HAM lautlos rezitieren.
Mit SO HAM eins werden.

SO HAM: Ich bin das SELBST,
ohne Anfang und ohne Ende,
ewig leuchtend,
göttlich,
unendlich.

Meditation mit Swami Rama

Auf Empfehlung von guru Swami Nityananda Saraswati suchte ich am 4. April 1969 Swami Rama in Kanpur auf. Eine indische Ärztin hatte dem swami einen Teil ihres Hauses zur Verfügung gestellt, sodaß er sich nicht um die Weltlichkeiten von Wohnung und Nahrung zu sorgen hatte. Von der Ärztin erfuhr ich, daß Swami Rama jahrelang in Höhlen des Himalaya meditierte und nun eine große, geistige Aufgabe erfülle. Er hätte dazu, wie seine Freunde sagten, einen Körper angenommen, sei aber nicht von dieser Welt. Täglich suchten zahlreiche Menschen aus allen Schichten der Bevölkerung, auch Gelehrte und hohe Beamte, den swami auf, um mit ihm zu sprechen und ihn um Rat zu fragen. Der hellsichtige und hellhörige Weise mit transzendentalem Bewußtsein kam seiner Mission als Helfer, Heiler und geistiger Lehrer auf sehr eindrückliche Weise nach und wurde als Heiliger verehrt. Über meine Begegnung mit Swami Rama in Kanpur berichte ich am Ende dieses Buches, wobei ich allerdings auf die Mitteilung sehr persönlicher Erlebnisse verzichte. An dieser Stelle möchte ich über die Meditation mit Swami Rama berichten.

Swami Rama lud mich ein in der Zeit zwischen 4 und 6 Uhr morgens mit ihm zu meditieren. Wir setzten uns in einen halben Lotossitz und ich konnte wahrnehmen, daß Swami Rama in wenigen Sekunden aus seiner leiblichen Präsenz austrat. Wir haben nie über diese gemeinsamen Meditationen gesprochen, sie waren als Thema einfach nicht existent. Es waren Stunden, die außerhalb von Raum, Zeit und Alltäglichkeit verliefen. Als Suchender im Bereich der Meditation war ich bestrebt mich diesem Prozeß, der weder von Worten noch irgendwelchen Hinweisen begleitet war, hinzugeben. Ich deute den Vorgang als absolutes Loslassen in völligem äußerem und innerem Schweigen, als ein Loslassen von jeglicher Vorstellung, die das Bewußtsein an Weltliches binden und damit eine echte Meditation behindern könnte. In einer derartigen Freiheit schaffen Weise und Wissende ihre Chance in die Welt des Transzendentalen einzugehen.

In den Stunden der Meditation mit Swami Rama überließ ich mich ganz seiner wortlosen Führung, aufnahmebereit und offen. Ich nahm ein deutliches Fluidum wahr, das von Swami Rama ausging und mich ergriff, mich erfüllte und zu einem inneren Erlebnis von Befreiung, zu einem Glücksgefühl erhob. Der Rat von Swami Rama lautete einfach und eindringlich: „and now go and meditate!" In der Rückschau über Jahrzehnte und nach jahrelangem Befolgen des Rates von Sami Rama kann ich heute manches erkennen und formulieren, was während der indischen Nächte der Meditation aus dem Bewußtsein eines Eingeweihten in mein Bewußtsein eingeflossen ist.

Ich möchte diese äußerst einfache Art der Meditation ohne jegliche Vorgabe, wie sie mir von Swami Rama praktisch übermittelt wurde, weitergeben.

Wer das Glück hat in einer gewachsenen und zusammengewachsenen Gruppe unter kundiger Führung Erfahrener zu meditieren, wird der starken spirituellen Kräfte teilhaftig, die in einer Gemeinschaft jene erheben und beglücken, die sich in die Einfachheit einer nonverbalen, vorstellungsfreien Meditation eingeben können.

Auch wer für sich allein meditiert wird erfahren, daß in der Einfachheit einer Meditation, im völligen Loslassen und im Eingehen zu sich selbst, in die Stille, das Große stark und manifest wird.

Meditation im Alltag

Die Merkmale der Meditation können zu Kriterien des Alltags werden.

Je vollständiger sich ein Mensch in konsequenter Übung in der Meditation, in ihren Wahrheiten, Werten und spirituellen Grundsätzen selbstverständlich niedergelassen und sie zu seiner eigenen Welt gemacht hat, umso perfekter wird er diese Werte in seinen Alltag einbringen und leben. Tun und Lassen, die Verrichtungen, die einen solchen Alltag kennzeichnen und auszeichnen, werden sich nach den Gesetzen der Meditation richten und die Früchte tragen, deren Samen sie in sich birgt. Ein meditativer Alltag ermöglicht Menschen einen Zuwachs an Lebenswertem, das ein Alltag in Banalitäten, in Hetze nach äußerlichem Gewinn und falschen Sicherheiten niemals bringen kann.

Es gehört zum Leben in dieser Welt, daß sich Strebenden Hindernisse in den Weg legen, die sich die Menschheit selbst geschaffen hat. Die naturgegebenen Ordnungen sind gestört, die Harmonien werden mißachtet und die Spiritualität ist keine allgemein gepflegte Selbstverständlichkeit. In einem solchen Alltag das Meditative zu suchen, zu finden und zur eigenen Wirklichkeit zu gestalten, ist eine hohe, verantwortungsvolle Aufgabe.

Meditation verschönert und veredelt den Alltag. Eine meditative Stunde läßt des Menschen Seele in Harmonie schwingen, das Bewußtsein in die Ruhe einkehren und das Herz reine Freude empfinden. Meditation im Alltag bringt die Verrichtungen in die naturgegebenen Ordnungen und in den Rhythmus der Yin-Yang-Zyklen, die unser Leben bis in das Kleinste steuern. Dies ist ein idealer Ablauf, der gesucht werden muß, gegen den sich allerdings Störungen und Widerstände erheben. Es braucht viel Mut, Verzicht und Kraft, um die inneren Ordnungen immer wieder zu erkennen, sie wahr und wirksam zu machen. Ein meditativer Tag ist ein Werk, das den ganzen Menschen mit seinen besten Kräften fordert und das der Hingabe an das Höchste bedarf, damit es gelingen möge.

Der Tageslauf und die Obliegenheiten, die er an uns heranträgt, sind die beste Gelegenheit, das zur Wahrheit und zur Wirksamkeit zu erheben, was wir uns innerlich durch Meditation erworben haben. Wo denn sonst sollte dieser Beweis und Nachweis möglich werden? Im Alltag wird Meditation Wirklichkeit, im Alltag finden sich die Stunden der Wahrheit! Sollen die Früchte der Meditation erkennbar werden und Menschen beglücken, dann in ihrem Tun.

In den alltäglichen Tätigkeiten und Funktionen lassen sich Gestaltungskräfte im Werk verwirklichen, das zu einem Kunstwerk werden mag mit allen Merkmalen der Perfektion, der Schönheit und der Wahrheit.

In die Tätigkeiten eines meditativen Alltags bringen Menschen ihre besten Kräfte und Bestrebungen ein, wodurch dieser zu einem Zyklus harmonischen, beschaulichen, kreativen und herzhaften Tuns werden kann. Die einen solchen Alltag kennzeichnenden Merkmale sind Korrektheit und Selbstdisziplin sich selbst, anderen Menschen und Lebewesen sowie der Natur gegenüber. Niemandem zum Schaden sein in dem, was man denkt und tut. Sich auf das beschränken, was nötig ist und was man nötig hat. Sich nicht auf Kosten anderer bereichern. Moralisch und ethisch im Umfeld vorbildlich leben. Aus solchen Grundsätzen heraus wächst ein Wirken, das Schritt für Schritt dem Meditativen folgt. Pratyahara: das Unwesentliche ausschalten, um in Ruhe und Sammlung das Wesentliche selektiv und mit der passenden Priorität zuzulassen. Dharana: die volle Kraft der Konzentration wirksam werden lassen, sich dem Wesentlichen bedingungslos zuwenden und anheim geben, das Richtige im richtigen Moment richtig tun, auch wenn es schwer fällt und die Umstände widerwärtig sind. Dhyana als Folge kann dann eine volle Identifikation des zu Schaffenden mit dem schaffenden Menschen bringen, und das wird dem Ideal gleich sein oder nahekommen, umso näher, als Meditierende in Eintracht und eins mit dem Höchsten am Werk sind.

In dieser Grundhaltung können die Pflichtarbeit wie die Freizeit einen hohen Sinngehalt haben, der Selbstverwirklichung möglich macht in dem, was der Mensch tut. Die Arbeit ist so weder ein Muß noch ein Druck, sondern Freude am Tun dessen, was getan werden soll. In einer Industrie-, Leistungs- und Konsumgesellschaft allerdings ist es schwierig bis unmöglich, den Zwängen quantitativer und qualitativer Kriterien und Forderungen zu entgehen, welche die Arbeit ins Verhältnis zum materiellen Lohn setzen und sie danach beurteilen. Den Widerwärtigkeiten, die sich einem meditativen Alltag entgegensetzen, kann schwer entgehen, wer nicht selbst bestimmen kann, wie der Tag mit seinen Obliegenheiten verlaufen soll. Die Freude wird dann groß sein, wenn auch unter unguten Umständen viel Gutes möglich wird. Inneres Wachsen, auch gegen Widerstände, schafft in der Persönlichkeit des Menschen mehr Stärke und Zuversicht, als wenn der Weg schon geebnet ist und keine Schwierigkeiten aufweist. Das gilt bei jedem Erklimmen eines Gipfels, der sich scheinbar als unnahbar und unerreichbar darstellt.

Es sind bei den Alltagstätigkeiten nicht nur die Ruhe und die Bedächtigkeit, welche sie meditativ machen. Es geht vor allem darum, die Phasen zu verwirklichen, wie sie in der Meditation empfohlen werden, empfohlen von Weisen, wie Patanjali, die wissen wovon sie reden, auch wenn sie in einer von der unsrigen völlig verschiedenen Welt gelebt haben. Warum soll der heute im Alltag stehende und geforderte Mensch nicht auch des Glücks teilhaftig werden, das in der meditativen Verrichtung der alltäglichen Erfordernisse manifest werden kann?

Das Kind, noch nicht von der Verdorbenheit der sogenannten Zivilisation eingeholt, lebt seinen Alltag, sofern man es läßt, meditativ. Es geht seinem momentanen Tun nach, innerlich dafür ganz frei und ganz darauf konzentriert. Das Kind erlebt in seinen Tätigkeiten reine Freude und Erfüllung, Selbstverwirklichung in dem, was es gerade tut. Kinder sollten dabei nicht gestört werden.

Hat der erwachsene Mensch nicht auch ein Anrecht auf seine ungestörten Minuten und Stunden der Meditation?

Andere Meditationsformen

Führt ein Weg zu einer echten religio, dann ist es der Weg, der zum Menschen paßt.

Sich für den Weg der Meditation zu entscheiden ist ein wesentlicher Entschluß, dem in der Regel ein innerer Prozeß vorausgeht, den manche Menschen nicht wahrnehmen. Im Laufe eines Lebens stellen sich, mehr oder weniger bewußt, geistige Bedürfnisse und Konstellationen von Wünschen ein, die mit den landläufigen Gewohnheiten nicht befriedigt werden können und zu deren Erfüllung auch nicht einfach eine Dienstleistung irgendwelcher Art beansprucht werden kann. Meditation ist ein Weg zur Vervollkommnung eigener, innerer Lebensqualitäten, der einen hohen persönlichen Einsatz mit zahlreichen Konsequenzen verlangt. Der Einfluß der Meditation auf ein Leben ist von großer Bedeutung und von einer Tragweite, die zu Beginn dieses inneren Weges nicht absehbar ist.

Die Wahl der Meditationsform ist sorgfältig zu erwägen, und sie soll den inneren Bedürfnissen entsprechen, die von Mensch zu Mensch sehr verschieden sind. In den ersten Phasen des Meditationsweges, die sich über Monate oder Jahre hinziehen können, ist es möglich, daß sich Änderungen in der Methode aufdrängen, denn das wachsende Bewußtsein stellt den Menschen unter Umständen vor neu auftauchende geistige Bedürfnisse, die zu Beginn des Weges nicht deutlich oder nicht vorhanden waren.

Ich habe das selbst erlebt. Mein Weg der Meditation wurde wesentlich durch die Erlebnisse in Indien und die Meister, denen ich dort begegnet bin, mitbestimmt. Die Suche nach einer mir gemäßen Meditationsform hatte allerdings schon viel früher begonnen. Anläßlich meiner Tätigkeit als Psychologe in Basel pflegte ich Kontakte zu C. G. Jung und Karlfried Graf Dürckheim, was mich mit einem umfassenden geistigen Gedankengut konfrontierte. Mit Graf

Dürckheim traf ich mich in Todtmoos/ Rütte zu Gesprächen und Übungen, die sich in erster Linie auf Zen und Zazen bezogen. Gleichzeitig befaßte ich mich etwa zwei Jahre lang mit Yoga. Dann begann ich zu spüren, daß ich mich für einen der beiden Übungswege entscheiden sollte und entschied mich für Yoga, weil mir die Verbindung von körperlichen Übungen und einem geistigen Weg ganz besonders entsprach. Wohin der Weg führen sollte, war mir allerdings in keiner Weise bewußt. Nach Jahren der Übung im Yoga kam das Bedürfnis, im Ursprungsland des Yoga zu bewahrheiten, was ich bis dahin als westlichen Yoga geübt und erfahren hatte. Indische Führung und Lehre bestärkten mich auf dem Weg und gaben mir Impulse, aus denen heraus ich mich bis heute dem Yoga widme und die Methode an Suchende weitergebe. Der Achtfache Pfad des Patanjali ist mir Wegweiser geworden. Patanjalis Anweisungen über die Meditation sind klar und weiterführend. Sie gründen in tiefer Weisheit der indischen Tradition und sind auch für uns westliche Menschen ein geistiger Leitfaden auf einem Weg, der zu höchsten Erkenntnissen führen kann.

Es gibt andere Wege und Formen der Meditation, die für ein geistiges Leben Wertvolles bieten und die Bezeichnung Meditation auch rechtfertigen. Wieder andere Methoden dagegen erheben wohl Anspruch darauf, Meditationen zu sein, haben aber keinen innerlich weiterführenden Charakter. Wer wirklich ernsthaft sucht, wird die Meditationsform finden, deren er bedarf.

Bei vielen Übungen, die als Meditationen angeboten werden, handelt es sich mehr um eine Hinführung zur Meditation durch sogenannte Entspannung, Steigerung der Konzentration, Stillesein, Ruhe und Besinnlichkeit. Als Hilfestellungen mögen Worte, Musik, Bilder und Imaginationen aller Art dienen. Werden aber in einer sogenannten Meditation Denk-, Verstandes- oder Gedächtnisleistungen verlangt und angewandt, ist der Phase pratyahara, dem Abschalten der Sinnestätigkeit, nicht Genüge getan. In zahlreichen Praktiken fehlt die Stufe pratyahara, die ganz im Gegenteil mißachtet wird, wenn die Hilfe von Sehen, Hören und innerem Vorstellen herangezogen wird. Objektmeditationen haben ihren Sinn. Sie können als Vorstufe einer Meditation im geistigen Sinne geübt werden, sie bringen das Bewußtsein zur Ruhe und Ordnung.

Aus dem tibetischen Kulturkreis ist die Mandalameditation bekannt. Mandalas sind Schöpfungen tibetischer Mönche, die ihre innere Ordnung und Erfahrung im mandala einbringen und damit tiefe geistige Inhalte bildlich darstellen. Die Betrachtung eines mandalas und die meditative Versenkung in dieses Bild, formen das Bewußtsein.

Ich habe in tibetischen Klöstern in Nordindien den musikalischen Ritualen der Mönche beigewohnt und erfahren, daß sie eine meditative Einstimmung vermitteln, welcher dann die eigentliche Meditation folgen kann.

Einen bedeutenden Platz nehmen in unserem Kulturkreis die kirchlichen Meditationen ein, die religiösen Menschen große Hilfe und Wegleitung sein können. Ich spreche absichtlich nicht von christlicher Meditation, denn christlich kann eine Meditation nach dem Achtfachen Pfad durchaus sein. Einer Meditation im kirchlich-christlichen Sinne liegt meistens ein dementsprechendes Motiv zugrunde. Daß auch Yoga-Meditation zu einer echten religio mit Gott führen kann, ist bekannt und Tatsache.

Die Wege mögen in verschiedenen Meditationsformen verschieden sein. Meditationen, welche diese Bezeichnung verdienen, führen immer zur Erfahrung des Höchsten, zum Einswerden mit dem göttlichen Ursprung des Menschen. Daran kann kein Zweifel bestehen bei Menschen, die eine echte religio suchen, weil sie im tiefsten Inneren echt religiös sind.

Der Quantensprung vom Sinnlichen zum Übersinnlichen

Das „Dritte Auge".
Das „Transzendentale Ohr".
Intuition.

Des Menschen Welt ist die Welt, die er sich schafft, die er wahrzunehmen fähig und bereit ist. Zur Wahrnehmung verfügen wir über das Instrumentarium der Sinne, über ein Sensorium, das gemäß Veranlagung, Entwicklungsstand und Ausbildung bei jedem Individuum verschieden funktioniert und ein anderes Erfassungspotential verfügbar macht. Gemäß diesem Potential ist auch der Mensch ein anderer. Wir sind das, was wir mit Hilfe unserer Erkenntnisfähigkeit aus uns machen oder in Zukunft machen werden, wenn wir unsere Wahrnehmung schulen. Regelmäßige Meditation fördert unsere Fühligkeit und verbessert die Intuition. Daß wir mit den Sinnesorganen nur Teile der Welt zu erfassen und zu verstehen vermögen, steht außer Zweifel. Es gibt Menschen und vor allem auch Tiere, die eine andere, eine weitere Welt wahrnehmen, als es der menschlichen Norm entspricht. Zum Erfassen und Wahrnehmen der geistigen, transzendentalen Welt muß der Mensch über ein Sensorium verfügen, das über das Sinnliche hinausgeht.

Der Sprung von der Wahrnehmung einer Welt der Sinnlichkeit in eine Welt der Über-Sinnlichkeit würde in seiner Bedeutung einem Quantensprung gleichkommen. Es ist wohl eine der ganz großen Illusionen zu glauben, daß die substanzielle Welt, die wir mit den Sinnesorganen erkennen, die ganze Welt und die ganze Wirklichkeit darstelle. Wir müssen im Gegenteil bescheiden zugeben, daß zum Beispiel das menschliche Auge einen sehr kleinen Ausschnitt aus dem Spektrum des Lichtes erfassen kann. Aus der immensen

Skala der Strahlungsfrequenzen vom Mikrobereich bis zu Gigahertzfrequenzen sieht das Auge nur einen bescheidenen Ausschnitt, der von 280 bis 750 Nanometer reicht. Ein Nanometer ist gleich 0,000001 Millimeter.

Das Ohr als ein weiteres Wahrnehmungsorgan registriert Schwingungen von 16 bis 16 000 Hertz. 1 Hertz bedeutet eine Schwingung pro Sekunde. Im groben Vergleich der Wahrnehmungsbereiche von Auge und Ohr kann man sagen, daß das Ohr eine ungefähr zehnmal größere Kapazität des Erfassens von Sinneseindrücken aufweist als das Auge. Was über und unter diesen Bereichen sinnlichen Wahrnehmens liegt, und es ist ein Vielfaches davon, das kann der Mensch durch Auge und Ohr nicht erkennen.

Das technisch Machbare und das, was die Technik in meßbaren Daten über diese Welt der Dinge und deren Manifestationen aussagen kann, ist die eine Seite des Ganzen. Zum Erfassen und Begreifen der transzendentalen Welt des Geistes und der Feinstofflichkeit kann der Mensch ein subtiles Sensorium einsetzen, das jedoch nicht ohne weiteres verfügbar ist. Den Grenzbereich zwischen dem Sinnlichen und dem Über-Sinnlichen haben zu allen Zeiten Psychologen, Physiker und andere Naturwissenschaftler, Mystiker und Heiler aller Nuancen überschritten und aus den Erkenntnissen im Über-Sinnlichen reiche Erfahrungen geschöpft.

Meditation als eine Quelle tiefer geistiger Einsicht ermöglicht es, eine gewissermaßen übersinnliche Sensibilität zu erlangen. Wer meditiert, vermag ein Sensorium zu entfalten, das die geistige Welt zu einer selbstverständlichen Wirklichkeit werden läßt. Das führt zu einem Bewußtsein, das sich einer integralen Erkenntnis öffnet, so daß das Ganze dieser Welt in einer sinnlichen Realität und in einer transzendentalen Wirklichkeit erfahr- und erlebbar ist. Den einengenden Dimensionen eines intellektuell begreifbaren Realismus des Substanziellen steht in der geistigen Welt ein Leben in uneingeschränkter Freiheit des Bewußtseins gegenüber.

Die folgenden Betrachtungen der Entwicklungsgeschichte des werdenden Menschen mögen etwas Licht in die Entfaltung seiner

Sensorien bringen.

Der Mensch entwickelt sich vorgeburtlich aus drei Keimblättern, die aus der befruchteten Eizelle entstehen. Die drei Keimblätter sind das Ektoderm, das Mesoderm und das Entoderm. Das Ektoderm schafft das, was „außen“ und „oben“ sein wird. Das Mesoderm schafft die „Mitte“, das Entoderm das „Unten“ und das „Innen“. Die drei Keimblätter zusammen bilden das Ganze in jeder Phase der Entwicklung. Dieses Ganze als Akt der Schöpfung ist der Mensch als biologisches, geistiges und energetisches Wesen. Aus diesen Anlagen wird er sich in der Einheit von Leib, Seele, Geist und Bewußtsein entfalten.

Im Ektoderm lassen Kräfte und Matrix der Erbfaktoren das „Oben“ des Menschen entstehen. Die Erbinformationen in den Chromosomen steuern die Energien, die den Kopf des Menschen gestalten. Es bestehen für mich keine Zweifel, daß diese spezifisch schöpferischen Kräfte, die den Menschen formen, ihre Wurzeln in der transzendentalen Welt haben und daß aus dem Urgrund ein übersinnliches Sensorium in den Menschen einfließt und hineinwächst. Eine Idee des Schöpfers als Vision des Menschen in Körper und Geist, wird zur Wirklichkeit, aus den Anlagen des Ektoderms zum „Oben“, zum Kopf. Die „Mitte“ bildet das Herz, Bindegewebe, Stützgerüst, Knochen und Blutflüssigkeit, um nur einen Teil dessen zu erwähnen, was hier aus der Schöpfungsidee im mittleren Keimblatt, dem Mesoderm, zur Wirklichkeit wird. Das Entoderm schafft das „Unten“, die Leber und das Verdauungssystem. Das sind die drei Bereiche, die den drei embryonalen Keimblättern entwachsen.

Das Ektoderm als Haut, welche den Fötus umgibt, bildet vorgeburtlich Einbuchtungen aus, in welche sich die Strukturen der Sinnesorgane einlassen. Alle fünf Sinnesorgane entwickeln in diesen Einbuchtungen des Ektoderms ihre spezifischen „Apparaturen“, die zur Wahrnehmung der Welt dienen werden. Sinnesorgane sind Kontaktorgane, die den Menschen nach außen öffnen, ihn empfangsfähig machen.

Es gibt nun im Zusammenhang mit der Ausgestaltung der fünf Sinnesorgane aus dem Ektoderm eine äußerst bemerkenswerte Besonderheit. Die Hypophyse, die aus demselben Keimblatt hervorgeht wie die fünf Sinnesorgane, ist nicht in eine Einbuchtung desselben eingelassen. Die Hypophyse sitzt vielmehr in einer Ausbuchtung des Ektoderms. Sie ist nicht nach außen disponiert, kein Sinnesorgan, das die Außen- und Umwelt erkennt und wahrnimmt. Die Hypophyse ist in der Schädelkapsel an der Basis des Gehirns lokalisiert und hat in der Ausstülpung des Ektoderms „Sicht nach innen". Sie ist damit ein „sechster Sinn" mit einer inneren Sicht und dadurch prädestiniert Über-Sinnliches wahrzunehmen.

Die indischen Weisen kennen die innere Schau. Das ist mir Grund genug, um auf dem eingeschlagenen Weg weiterzugehen und die inneren Verbindungen zwischen Hypophyse und Sinnesorganen zu erforschen. Hypothesen, und darum wird es sich zum Teil handeln, haben zu allen Zeiten neue Wege und Erkenntnisse eröffnet, sie haben sich sehr oft zu Tatsachen verdichtet.

Die Hypophyse stellt gewissermaßen einen Fühler dar, der das Innen mit dem Außen verbindet. Die Wahrnehmungen der Sinnesorgane bekommen durch diesen Fühler einen inneren Bezug.

Die Außenhaut, das Ektoderm, ist über den ganzen Menschen ausgelegt. Sie bildet das Getast, das den Menschen als eines der Sinnesorgane umfaßt. Über die Haut registriert der Mensch äußere Sensationen, die ihn berühren und zu Reaktionen veranlassen. Es gibt eine große Palette wahrnehmbarer Reize in allen Nuancen, die dem Menschen zum Bewußtsein kommen und sein Inneres bewegen. Unter anderem nimmt das Getast Druck, Wärme, Kälte und zahlreiche Schwingungen aus der Umwelt wahr. Diese Reize werden zum Gehirn geleitet und von dort aus beantwortet. Beim Kleinkind kommt der Haut eine sehr differenzierte psychologisch-mentale Funktion zu. Durch die Berührungen mit der Außenwelt entwickelt sich beim Säugling ein Bewußtsein über das, was außen ist und was er selbst ist. Er objektiviert sich durch das Ertasten der Umwelt mit seiner Haut, mit allen Gliedern, auch mit dem Mund.

Mit dem Erfahren dessen was außerhalb liegt, erfährt er das andere. So formt sich ein Selbst-Bewußtsein heraus, das für die Entwicklung einer Persönlichkeit unerläßlich ist. Die Haut wird zu einem direkten Kommunikationsorgan zwischen Menschen in direkter Berührung.

Der Mensch strahlt über seine Hautoberfläche aber auch unsichtbare Kräfte als Energiequanten aus. Derartige Energiestrahlungen sind oft, auch ohne physischen Kontakt, geradezu „spürbar". Eine Abstrahlung von Energie bildet auch die Aura, die für Hellsichtige in Formen und Farben erkennbar wird. Über die Hände, also die Haut, können Heilkräfte wirksam werden. Die Haut ist ein Organ, durch das Energien, die den Menschen bewegen und beeinflussen, von innen nach außen und umgekehrt diffundieren. Nach den Erkenntnissen der chinesischen Heilkunde ist die Haut ein Mantel, der den Menschen schützend umgibt. Dieser Hautmantel weist eine positive Ladung (Oé) auf. Sie schützt den Organismus vor krankmachenden Einflüssen wie Hitze, Kälte, Wind und Nässe, vor Keimen, Giften und anderen Schadstoffen.

Die Sinnesorgane einschließlich die Haut mit ihren Besonderheiten, die dem Menschen ein Bewußtsein seines Inneren, aber auch seines eigenen Wesens und seiner Umwelt vermitteln, bilden in enger Gemeinschaft ein Sensorium, das lebenswichtige Informationen liefert. Zum Erfassen und Verstehen einer geistigen Welt müßte dieses Sensorium sozusagen um eine Dimension erweitert werden durch einen „Organismus", der in das Transzendentale hineinreichen würde. Tatsachen sprechen dafür, daß es Menschen mit einer transzendentalen Fühligkeit gibt, die oft als „sechster Sinn" bezeichnet wird.

Im Inneren der Schädelkapsel, knapp hinter der Nasenwurzel und somit im Bereich des „Dritten Auges", befindet sich die Hypophyse. Das „Dritte Auge", im magischen Feld zwischen den beiden Augen als Sinnesorgane, umschließt einen Bereich, der Hypophyse und Epiphyse einbezieht. Die Augen schauen nach außen, die Hypophyse schaut nach innen. Das ergibt eine Wahrnehmung, die sowohl veräußerlicht als auch verinnerlicht funktioniert. Was ich über die embryonale Entstehung dieser beiden Organsysteme geschrieben habe, kann diese Erkenntnisfunktionen deutlich machen. Die „Energiestrahlung“ der Hypophyse, in das „Dritte Auge“ projeziert, würde eine Sicht eröffnen, die in eine andere Dimension hineinreicht als es dem Organ Auge möglich ist. Das kommt einer Öffnung der Sicht des Menschen in die transzendentale Welt gleich.

Mit dem Augenpaar durch gedachte Linien verbunden, bildet die Hypophyse die Spitze eines gleichschenkligen Dreiecks. Außerdem ist die Hypophyse mit den Augen, aber auch mit den Ohren, nervlich verbunden. Aus diesen Konstellationen ergibt sich eine Wahrnehmung der Dreidimensionalität,der sich eine weitere, transzendentale Dimension angliedert. Eine Öffnung des „Dritten Auges“ führt zu einer Bewußtseinserweiterung über die Grenzen von Raum und Zeit hinaus.

Die Lokalisation der Hypophyse weist weitere bemerkenswerte Besonderheiten auf. Sie liegt im senkrechten Strahlungsbereich des sahasrara-chakras, des Tausendblättrigen Lotos. Das Symbol dieses Lotos weist auf die tausend, das heißt, unendlichen Möglichkeiten des menschlichen Geistes hin. Ferner befindet sich die Hypophyse als Organ der inneren Wahrnehmung in der Mitte der virtuellen Verbindungslinie zwischen dem linken und dem rechten Ohr und liegt somit in einem weiteren, energetisch bedeutungsvollen Feld, in dem vom Gehör her Schallwellen wirksam werden. Inwiefern das Ohr eine Fühlung mit der Transzendenz aufweist, wird später noch zu untersuchen sein. Die in der Meditation so wichtigen Lokalisationen der beiden Kopf-Chakras sind auch in der chinesischen Akupunkturlehre bekannt. Das ajna-chakra, das „Dritte Auge“, kennt die Akupunkturlehre als Inn-Trang mit der Nummer 17, als einen Punkt außerhalb der Meridiane. Er wird zu Heilzwecken behandelt bei Indikationen im vorwiegend Seelisch-Mentalen. Die Wirksamkeit der Behandlung dieses Punktes bezieht sich auf die Lenkung und Harmonisierung geistiger und seelischer Kräfte und auf die Steigerung der Konzentrationsfähigkeit. Ähnliche Indikationen besitzt der Punkt auf dem sahasrarachakra. Er trägt die Nummer 20 auf dem Lenkergefäß Tou-Mo. Ich habe in der Akupunkturtherapie diesen wichtigen Punkt bei psychischen Störungen behandelt, sei es mit Nadeln oder mit Wärmebehandlung (Moxa).

Die Hypophyse befindet sich im Kopf des Menschen an einem Ort, wo eine Konzentration von Kräften herrscht, in einem Zentrum eines Fließgeschehens von Energie in Form von Schwingungen, Energiequanten und bioelektrischen Ladungen, die ihr fraglos eine besondere Funktion ermöglichen; eine Funktion, die noch weitgehend unerforscht ist. Wie bereits erwähnt, ist die Hypophyse in einer Ausstülpung des Ektoderms entstanden, was ihr sozusagen als „sechster Sinn" Innenschau verleiht. Zufolge ihrer Genese ist sie aber auch ein Urorgan geblieben, ein Organ, das seine ursprüngliche Funktion erhalten, sich nicht in ein nach außen gerichtetes Sinnesorgan gewandelt hat. Einem Urorgan eignen Urfunktionen und es macht Urerfahrungen möglich.

Wer sich meditativ im „Dritten Auge" konzentriert, projeziert seine Energie auch auf die Hypophyse, dieses Urorgan, das mit den Tiefen der Persönlichkeit Verbindung hat. Das kann ein Weg sein, um innere Prozesse wahrzunehmen und zum Bewußtsein zu bringen.

Die Hypophyse greift mit ihren Funktionen umfassend in die Lebensprozesse des Menschen ein. Sie ist ein Regulator, der auf energetischem Weg Körper und Seele beeinflußt. Als Regulator des Tag-Nacht-Rhythmus eignet ihr gleichermaßen eine regulative Funktion für die Wahrnehmungsfähigkeit von Hell und Dunkel. Ihre Verbindung zum Auge als Lichtorgan wird damit sinnfällig. Die Hypophyse steuert den Hormonhaushalt und macht Hormone zu lichttragenden Informanten zur Beeinflussung von Lebensprozessen, die im Kleinsten, in den Zellen und ihren Strukturen gründen. Dieses Organ, das in wichtige Lebensprozesse eingreift, kann auch als dem Blut zugeordnet bezeichnet werden, weil es über den Blutfluß, den Fluß der Hormone mitbestimmt. Die umfassenden Steuerungs- und Informationsfunktionen der Hypophyse zeigen deutlich, daß der Mensch ein offenes energetisches und auch mentales System ist, eingebunden in die Kräfte des Universums. Nur dieser offene Bezug des ganzen Menschen mit Leib und Seele zu den universalen Kräften, mit und in denen er lebt, gewährleistet den freien, ungehinderten und lebenspendenden Fluß feinstofflicher, bioelektrischer und geistiger Energie. Dieser Kräftefluß läuft bilateral vom Universum zum Menschen und vom Menschen zum Universum. Die Strukturen, welche diese globalen Kräfte und deren Fluß ermöglichen, sind im Universum gleichermaßen angelegt wie auch im Menschen. Die prägende Macht, die beispielsweise den Gestirnen eigen ist, schafft im Menschen, gemäß seiner Stunde der Geburt in dieses kosmische Umfeld, eine eigene Persönlichkeit. Aus diesem lenkenden und prägenden Umfeld des Universums wird der Mensch zeitlebens nicht entlassen. Er bildet davon einen Teil, nämlich seinen ureigenen Teil.

Die Strukturen kosmischer Entsprechungen haben auch die indischen Weisen gekannt und in den chakras lokalisiert. Sie haben sogar die Sinnesorgane in Bezug zu den chakras gesetzt. Der Geruchssinn und die Nase sind dem muladhara-chakra zugeordnet. Geschmack und Zunge gehören zum svadhishthana-chakra. Sehen und Augen finden Zuordnung zum manipura-chakra, Getast und Haut zum anahata-chakra. Hören und Ohren haben ihren Platz im vishuddha-chakra.

Damit ist nachgewiesen, wie eng die Sinnesfunktionen mit der Ganzheit des Menschen und seiner Wahrnehmung gekoppelt sind. Die Zuordnung der Sinne und ihrer Funktionen zu den chakras zeigt deren integrative Kraft im Gesamtorganismus. Die enge Vernetzung der Sinnesorgane mit den chakras und die Schwingungen, die das Innen mit dem Außen verbinden, machen deutlich, daß im Menschen ein umfassendes Sensorium sowohl auf Empfang als auch auf Sendung eingestellt ist. So kann eine Fühligkeit für Schwingungen und deren Informationsgehalt möglich werden, die sowohl die Realität des Substanziellen in dieser Welt als auch die Wirklichkeit der transzendentalen Welt des Geistes offenbart; einer Welt, die in ihrem wahren Grund nur das große Eine ist.

Wer sich intuitiv - und es ist nur über Intuition und Meditation möglich - vom sinnlichen Erfassen ausgehend in eine Welt der Über-Sinnlichkeit eingefunden hat, dem eröffnet sich eine zusätzliche Erfahrungswelt. Hier weitet sich das geschulte Bewußtsein in einen Bereich, wo mentale Kräfte den Menschen zu leiten und zu führen beginnen. Das sind Energien, die in ihrer feinstofflichen Qualität den inneren Menschen gestalten, auf seine spirituelle und seelische Entwicklung Einfluß nehmen. Es ist ein großer Unterschied, ob der Mensch mit seiner sinnlichen Wahrnehmung seine Erkenntnisse aus der Welt der Materie schöpft oder ob er mit einem erweiterten Sensorium sich auch in einem geistigen Umfeld erfahren kann. In beiden Welten zu Hause zu sein, das ist wohl ein Idealzustand, der auch in der Meditation erstrebenswert ist.

Transzendentales Bewußtsein schaut im geöffneten „Dritten Auge“ das Licht der Erleuchtung, das kein Auge sehen kann. Und ich füge hinzu: das „Transzendentale Ohr“, das von mir so benannt ist, vernimmt den mystischen Klang „anahata“, den „unangeschlagenen Klang“, den kein Ohr hören kann.

Das „Dritte Auge".

Zwei Augen sehen die körperhafte Wirklichkeit in ihrer Dualität, so wie sie der Verstand konstruiert hat. Das „Dritte Auge“ hebt das Prinzip der Dualität in der Welt der Dinge auf und schaut die transzendentale Welt als das Eine ohne ein Zweites. Was die Sinne dem Menschen zur Kenntnis bringen, weitet seine Wahrnehmung zum Ganzen.

Die indische Yogatradition kennt das „Dritte Auge“ als das Auge der Weisheit. Kraft und Sicht des „Dritten Auges“ wohnen jedem Menschen inne. Nicht jeder Mensch schöpft aber seine potentiellen Möglichkeiten und Begabungen gleichermaßen aus, auch nicht jene dieses magischen „Organs". In der Sicht des „Dritten Auges" öffnet sich dem Menschen die geistige Welt, die dem Bewußtsein solange verborgen bleibt, als der Mensch in der Dinghaftigkeit der materiellen Welt und Existenz die einzige Wirklichkeit sieht; eine Wirklichkeit, die er mit seinen zwei Augen als Sinnesorgane gegenständlich sehen und mit seinen Händen fassen kann.

In der Meditation besteht die Möglichkeit zur Öffnung des „Dritten Auges". Die Lokalisation des „Dritten Auges", wie sie von den indischen Weisen angegeben wird, ist topographisch und symbolisch von großer Eindrücklichkeit und schafft uns einen intuitiven Zugang zu diesem ungewöhnlichen Phänomen. Diesem magischen Platz haben auch die Ägypter hohe Bedeutung zugemessen und die geistige Macht ihrer Könige mit einer sich aus dieser Stelle der Doppelkrone erhebenden Schlange gekennzeichnet. An dem gleichen Ort erstrahlt auf der Stirn des Buddha ein Edelstein zum Zeichen der Erleuchtung.

Bei einer Gruppe von Mönchen im alten Tibet war eine Methode der Öffnung des „Dritten Auges" bekannt, die ich hier erwähnen möchte. Es steht mir nicht zu, über diese Methode zu urteilen, denn die damaligen Eingeweihten haben in diesem Bereich viel mehr erfahren, als es uns vergönnt ist. Auch weiß ich nicht, welche Folgen diese Zeremonie hatte. Offenbar gab es auch damals Mönche, denen die Erkenntnisse aus dem „Dritten Auge" nur allmählich oder gar nicht offenkundig wurden. Die kunstvolle und schmerzhafte Methode der Öffnung bestand darin, an der magischen Stelle zwischen den beiden Augen an der Nasenwurzel ein Loch in den Schädel zu bohren, um so symbolisch die Sicht in die geistige Welt möglich zu machen. Betroffenen wurde dann ein Holzsplitter in die Wunde gelegt, um zu verhindern, daß diese Sicht mit dem Verheilen der Öffnung wieder verlorengehen würde.

Dieser Vorgang der mechanischen Öffnung des „Dritten Auges" steht symbolisch für die Bemühung um Erkenntnis, wie sie seit Jahrtausenden von Weisen in der Meditation angestrebt wird. Aus dieser Sicht gewinnt das Leben Eingeweihter eine neue Dimension hinzu. Das ist der Augenblick einer zweiten Geburt, einer Geburt in eine geistige Welt, die sich der Welt der Dinglichkeiten hinzugesellt, sie weiter und transzendental macht.

Der Weg, den die Weisen auf ihrer Suche nach der Wahrheit und nach höheren Erkenntnissen beschritten, bestand in einem asketischen Leben, das kaum Bedürfnisse kannte außer einer vollständigen Hingabe an das Höchste und einer intensiven Suche nach Erleuchtung. Dies war nicht ein Leben in Kasteiung, wie es oft gesehen wird, sondern ein einfaches, gottgefälliges Leben in Einsamkeit, Gebet und Meditation. Das ganze Streben galt der Pflege von idealen Werten und der Verehrung derselben, oft auch in personifizierter Gestalt. Regelmäßige, intensive Meditation zur Festigung moralischer Werte, die auch den Umgang mit Menschen, Tieren und der Natur einbezog, war ein wesentlicher Teil ihres Alltags. Dieses Streben als Folge aus Erkenntnissen, die das „Dritte Auge" in die Welt setzt, ist nun allerdings weit von dem entfernt, was wir im Westen in der Regel suchen, auch wenn wir uns der Meditation ernsthaft verschrieben haben. Immer wieder müssen wir aus den Absichten Eingeweihter lernen und sie als Maximen für unser Streben berücksichtigen. Es geht in einer echten und fruchtbringenden Meditation um die Entwicklung und Festigung einer Persönlichkeit, die auch im Alltag von ihrer Geistigkeit zeugt. Der meditative Umgang mit dem, was im „Dritten Auge" offenkundig werden kann, wird intuitiven Menschen leichter fallen als Kopflastigen. Schulung und Einsatz der Intuition erleichtern den Prozeß der Öffnung des Bewußtseins in die geistige Welt. Intuition informiert den Menschen unmittelbar, ohne ein Dazwischentreten verfälschender Denkprozesse. Die Intuition ist eine sogenannte irrationale Funktion, weil sie der Ratio entsagt. Sie bildet eine Erkenntnisfunktion, der das Eindringen in das Über-Sinnliche möglich ist. Die Entwicklung der Intuition ist für die Öffnung des „Dritten Auges" Voraussetzung. Anderenfalls bleiben entsprechende Erkenntnisse dem Menschen hermetisch verschlossen. Nehmen die intuitiven Gaben zu, dann vermag der Mensch zunehmend die sinnenbetonten

Erkenntnisse und die daraus entstehende Welt zu relativieren, indem für ihn die transzendentale Welt an Bedeutung gewinnt.

Die Relativierung der beiden Welten und die Gestaltung des Lebens innerhalb ihrer Gegebenheiten war ein Hauptanliegen der alten Inder. Es geht um maya, diese im Leben Wahrheitsuchender so wesentliche Problematik, die Welt in ihrem Urgrund zu erkennen und darin zu leben. In diesem inneren Prozeß spielt die Öffnung des „Dritten Auges“ eine entscheidende Rolle. Der geistigen Welt Priorität vor der substanziellen Welt zu schaffen, das ist ein Hauptanliegen einer Erkenntnisfähigkeit, die eine der großen Wahrheiten offenbart. Die Schleier der maya verhüllen Uneingeweihten die Wahrheit über die Welt. Sie können mit ihrem eingeschränkten Erkenntnisvermögen die Welt nur in ihrer materiellen Gestalt und in ihrem sinnlichen Gehalt sehen. Das ist die große Täuschung, mit der die meisten Menschen leben. Öffnung des „Dritten Auges“ heißt Öffnung des Bewußtseins für das, was hinter dieser dinglichen Welt steht, von der sie einen Reflex, gewissermaßen die andere Seite darstellt. Hinter den Dingen, über den Dingen und in den Dingen gibt es eine Kraft, eine Feinstofflichkeit, eine Energie, ohne deren Wirkung eine Welt der Materie nicht möglich ist und nicht sein kann. Das ist die tiefe Überzeugung der Eingeweihten, die mit dem „Dritten Auge“ ein Sensorium entwickelt haben, das sie hinter die Geheimnisse der Welt blicken läßt.

Mit Hilfe der Sinnesorgane erforscht der Mensch die Welt. Kontinente sind begangen, die höchsten Gipfel der Erde sind erklommen, Weiten und Tiefen der Ozeane sind vermessen. Wälder, Steppen, Wüsten, Einöden und Welträume sind menschlichem Forschungsgeist zugänglich geworden. Des Menschen Fuß hat den Mond betreten. Vorläufig unzugänglich erscheinende Planeten werden mit Sonden und Satelliten erkundet. So bleibt kaum ein Ding dem Zugriff des Menschen vorenthalten. In den Bereichen kosmischer Dimensionen und des mikroskopisch Kleinsten gibt es hypothetische Forschungsmodelle, die Licht in Unbekanntes bringen sollen, Licht dorthin, wo das Auge nichts mehr oder fast nichts mehr zu sehen vermag. Hier scheint man sich einer großen Unbekannten, einem Geheimnis zu nähern. Hier bahnt sich das Mysterium an, wo Materie kaum noch intellektuell begreifbar, geschweige denn als Gegenstand faßbar ist. Ob hier die Welt des Geistes sich der Erkenntnis des Menschen durch die Schau des „Dritten Auges“ öffnet?

Die Weisen Indiens wußten schon vor langer Zeit vom Kleinsten, vom Atom, vom Unteilbaren, wie sie es nannten. Für sie war das Atom Baustein des Universums. Heute ist mehr über das Atom bekannt, und so wurde es möglich, die Teilbarkeit der Materie weiter zu treiben zum Elektron, Proton, Neutron, Positron und Quark. Irgendwo wird aber die Teilbarkeit ein Ende haben. Und was kommt dann, wenn man auch mit dem Raster-Tunnel-Mikroskop nichts mehr sieht, wenn auch die hypothetischen Modelle kein reales Erkennen mehr zulassen?

Eigentlich stehen wir hier am Ende der Materie und ihrer Teilbarkeit, im Bereich des Unfaßbaren. So spricht auch die Physik bei den Quarks von „leeren Hülsen“. Hier noch das Wort Materie zu verwenden, wagt niemand mehr, es ist wohl auch kein adäquater Ausdruck für das, was erkannt wird.

Wo Materie nicht mehr Materie ist, beginnt das Unfaßbare. Kann diese unfaßbare Leere der geistigen Welt entsprechen, von der die Weisen sagen, daß sie die eigentliche Wirklichkeit darstellt, das, was hinter der Materie wirksam ist, die Kraft, welche die Dinge hervorbringt? Treffen sich in dieser scheinbaren Leere die Lehrmeinungen des Westens und des Ostens, bekommen gar die indischen Weisen in ihrer Auffassung Recht, daß Materie ein Trugbild, maya, ist? Gibt andererseits die sogenannte westliche Wissenschaft an diesem Punkt zu, daß Materie sich schlußendlich in Unfaßbares auflöst? Wieder einmal findet sich der menschliche Verstand vor einer Schranke, die er nicht überwinden kann, wo die Sinne auch mit technischen Mitteln keine Erkenntnisse mehr vermitteln können. Wo zwei Augen nichts mehr zu sehen vermögen, hört die Welt der sinnlichen Wahrnehmung auf. Wo Leere als das Unfaßbare, aber dennoch Existente Wirklichkeit ist, da nimmt das „Dritte Auge“ die geistige Welt wahr, jenseits von maya, jenseits von jeglicher Täuschung.

Das „Dritte Auge“, wenn es geöffnet ist, bildet das Tor zu einer Welt, in der unverfälschte Wahrheit herrscht. Hier beginnt der Weg echter Erkenntnis, hier, wo die Welt der Dinge aufhört zu dominieren und das Leben zu bestimmen, wo der Mensch in der Meditation zu seinen echten Freiheiten findet.

In der indischen Tradition sind die Phänomene bekannt, die sich in der Meditation offenbaren und die anzeigen, daß das Bewußtsein über die Welt der Realitäten hinausschwingt, maya überwindet und transzendentaler Erfahrungen teilhaftig wird. Das Schauen innerer Bilder und Farben ohne zu sehen, das Vernehmen des Klanges „anahata“ ohne etwas zu hören und das Empfinden eines geradezu leiblich spürbaren Angerührtwerdens ohne Körperberührung sind dafür Beispiele. Es liegt nahe, eine in die Feinstofflichkeit und in den mystischen Bereich potenzierte Sensibilität anzunehmen, die derartige Wahrnehmungen möglich macht.

Im vorangegangenen Abschnitt habe ich mich mit Möglichkeiten sogenannter übersinnlicher Erfahrungen auseinandergesetzt und die Hypothese vertreten, daß im ganzen Menschen eine Fühligkeit sowie ein Sensorium veranlagt sein können, die es möglich machen, den Sinnenbereich zu transzendieren. Bei diesen Betrachtungen habe ich der Hypophyse besondere Bedeutung zugewiesen. Im Zusammenhang mit dem „Dritten Auge“ ist nun auch die Epiphyse, die Zirbeldrüse, zu erwähnen, deren Funktionen jedoch ebenso nur teilweise bekannt sind. Auch die Epiphyse liegt im Kopf, eingebettet zwischen Groß- und Kleinhirn, an energetisch und lokal bedeutungsvoller Stelle. Ähnlich wie bei der Hypophyse bestehen nervliche Verbindungen zur Netzhaut, so daß die Epiphyse ebenfalls Lichtimpulse empfangen und sie - umgewandelt in hormonelle Informationen - über die Blutbahn an die Zellen weiterleiten kann. Auch sie ist also ein zur Wahrnehmung von Hell und Dunkel befähigtes „Lichtorgan", was ihre Beziehung zum „Dritten Auge" offensichtlich werden läßt. Gleichermaßen existieren Zusammenhänge mit dem Ohr, sowohl in seiner organischen als auch transzendentalen Funktion.

Es ist festgestellt worden, daß in der Zirbeldrüse ähnliche Organzellen, also zelluläre Kleinstrukturen, vorkommen wie in der Netzhaut des Auges sowie im Gehör- und Gleichgewichtsorgan. Die Verbindung zum Gehör und zum Gleichgewichtsorgan ergibt eine weitere Sicht auf die Funktionen der Epiphyse in Gemeinschaft mit der Wahrnehmung des Menschen über die Sinnesorgane und deren mögliche Öffnung zu übersinnlichem Wahrnehmen.

Das Gleichgewichtsorgan bietet eine Orientierungshilfe für den Menschen in der Umwelt über Magnetfelder des Kosmos, insbesondere des Erdmagnetfeldes. In der Zirbeldrüse scheint eine Art Kompaß zu bestehen, der den Menschen in wesentlichen Lebensfunktionen lenken kann. Die Abhängigkeit der Zirbeldrüse von Rhythmen des Tages und der Nacht sowie der Jahreszeiten ist bekannt. Ob sich über die Zirbeldrüse eine Dimension erschließt, die über das Sinnenhafte hinausgeht?

Das Wahrnehmen übersinnlicher Bereiche durch das „Transzendentale Ohr" wäre eine Ergänzung der diesbezüglichen Erfahrungsmöglichkeiten im „Dritten Auge". In diesen beiden „Organsystemen", denen man eine mystische Wahrnehmungsfähigkeit zuordnen möchte, öffnet sich tatsächlich eine neue Welt in einem komplexen Zusammenwirken von Systemen, welche es dem Menschen möglich machen, sich in den großen Rhythmen des Universums zu orientieren, sich in das Transzendentale einzulassen und die Welt des Geistes zu erfahren.

Das „Transzendentale Ohr".

Was ist es, was Eingeweihte als „unangeschlagenen Klang, anahata", vernehmen? Was bedeutet dieses Phänomen, das für die meisten Europäer ein Paradoxon, etwas Unverständliches darstellt?

Ein Klang, der nicht angeschlagen wird, kann auch nicht gehört werden.

Es handelt sich bei den Wahr-Nehmungen über das „Transzendentale Ohr", wie ich es nenne, nicht um sinnliches Wahrnehmen, sondern um das Wahr-Nehmen von Übersinnlichem. Es war den Weisen, die über ihre inneren Erfahrungen etwas aussagen wollten, bewußt, daß diese Erfahrungen nicht für jedermann bestimmt und geeignet waren. Das ist auch der Grund, warum sie verschlüsselt wurden in eine Sprache, die nur Menschen deuten können, die durch meditative Arbeit einen Zugang zur inneren Welt gefunden haben. Für Suchende ist das scheinbar Rätselhafte des „unangeschlagenen Klanges" eine große Verheißung zu einer herrlichen Erfahrung. Wer das Geheimnis zu entschlüsseln lernt und allmählich der damit verbundenen Erfahrung teilhaftig wird, kann die geistige Welt zum Klingen bringen. Wer sich ohne Intuition und ohne mystische Begabung dem „unangeschlagenen Klang" anzunähern und ihn zu vernehmen sucht, wird nichts erfahren. Der „unangeschlagene Klang" geht nicht vom Anschlagen eines Instrumentes, eines Gongs oder einer Klangschale aus, und er trifft somit nicht auf die Strukturen des Ohres als Sinnesorgan auf, die ihn wahrnehmen. Dem „unangeschlagenen Klang" ist ein Merkmal eigen, das ihn in die Welt des Geistig-Feinstofflichen eingliedert.

Ein mystischer Klang schwingt im Herzen von Menschen, die dafür offen sind. „Anahata-Klang" mag ein Signal aus der transzendentalen Welt sein. Die Schwingungen des „unangeschlagenen Klanges" finden ihre Resonanz im Menschen, der darauf gestimmt ist, der in der Stille und im Schweigen gelernt hat, auf das zu horchen, was hinter dem Lärm der Welt wahrnehmbar ist. In der Stillemeditation kann dieser mystische Klang die subtilen Schwingungen entfalten, die Herz und Seele bewegen.

Schaut das „Dritte Auge" das Licht in erleuchtetem Bewußtsein, dann vernimmt das „Transzendentale Ohr" die himmlische Melodie engelhafter Schalmeien, um diese innere Erfahrung einmal elegisch auszudrücken.

Die Schwingungen des „unangeschlagenen Klanges“ gehören mit in den Bereich des Menschlichen. Leib und Seele brauchen diese feinstofflichen Informationen um gesund und harmonisch zu sein und um aus der Fülle des Lebens das zu machen, wozu sie fähig sind. Das allerdings ist mehr als die meisten Menschen ahnen. Meditation öffnet das „Transzendentale Ohr“ und stimmt es auf Empfang des „unangeschlagenen Klanges“.

Physiologisch betrachtet nimmt das Ohr als Sinnesorgan in drei Bereichen seiner Anlage wahr. Die eintreffenden Schallwellen werden von der Ohrmuschel aufgenommen und durch den äußeren Gehörgang auf das Trommelfell geleitet. Das Trommelfell stellt die Grenze zwischen dem Außen- und dem Mittelohr dar. Im Mittelohr geht der empfangene Schall über auf einen äußerst feinen und komplizierten Hörmechanismus, der von drei winzigen und sehr harten Knöchelchen gebildet wird. Es sind dies Hammer, Amboß und Steigbügel, welche die Schwingungen übernehmen und zum sogenannten ovalen Fenster weitergeben. Im Innenohr befindet sich ein differenzierter „Organismus“ mit Schnecke und Gleichgewichtsorgan, die am Wahrnehmen und Modulieren der auftreffenden Schallwellen beteiligt sind. Ich beschränke mich auf die wichtigen Etappen des physiologischen Hörens und erwähne noch einige Eigenheiten, die in unserem Zusammenhang von besonderem Interesse sind. Auf das Ohr treffen Schallwellen auf, welche dieses Sinnesorgan, allerdings nur in einem beschränkten Rahmen, registriert und zum Bewußtsein bringt. Es geht um den Bereich zwischen 16 und 16 000 Hertz. Was unter oder über diesem Frequenzbereich liegt, bleibt dem menschlichen Ohr im allgemeinen verborgen, auch wenn es Menschen gibt, die Schwingungen außerhalb dieser normativen Grenzen akustisch wahrnehmen können. Das sind jedoch Ausnahmefälle. Ich vermute aber, daß normalerweise nicht hörbare Signale vom Ohr trotzdem aufgenommen werden und Einfluß auf den Menschen ausüben; Signale auch aus der Welt des Transzendentalen, der Welt des „unangeschlagenen Klanges“.

Es sei am Rande vermerkt, daß Tiere über ein wesentlich größeres Hörvolumen verfügen. Im genannten Hörbereich empfängt der Mensch Töne, Klänge, Geräusche, Lärm, also Schallwellen verschiedenster Frequenzen. Was auf dem Weg der Übertragung der Schwingungen vom Außenohr über das Mittel- und Innenohr abläuft, bis die so vermittelten Informationen zum Bewußtsein kommen und im Bereich der Seele zu einer Erfahrung, zu einem Erleben führen, das ist von größtem Interesse.

Im Außenohr treffen die Schallwellen von 16 bis 16000 Hertz ein, die das Trommelfell in Bewegung, in Schwingung versetzen. Diese Schallwellen sind Träger einer Information. Im Mittelohr werden die eintreffenden Frequenzen 90 mal verstärkt, also transformiert zu einer anderen Qualität von Information. Die hier angekommene Information ist in diesem Stadium noch grobstofflich, das heißt, sie verfügt über Impulse, die physiologisch definierbar und übertragbar sind.

Im Bereich des Innenohrs bestehen nervliche Verbindungen des Hörapparates zu Hypophyse und Epiphyse. Hier findet ein bedeutungsvoller „Sprung" der Information aus dem Grobstofflichen zum Feinstofflichen, aus der Dimension des sinnlichen Hörens in das Wahr-Nehmen eines übersinnlichen Bereiches statt. Was bis dahin als Hör- und Sinnenreiz wahrnehmbar war, das wird nun von Seele und Bewußtsein als Impuls empfangen und zu einem Inhalt des Bewußtseins gewandelt. Der auf das Ohr auftreffende Schall bewegt schließlich die Seele zu einem Erleben, wie auch immer dieses sich gestalten und auf den Menschen auswirken mag.

Was ich als „Transzendentales Ohr" bezeichne, hat seine Funktion in der Wahr-Nehmung innerer Prozesse und der Welt des Geistes. Hier dringt die Wahr-Nehmung in eine transzendentale Dimension ein, die sich der Dimension angliedert, die durch die Sinnesorgane erkannt wird. So kann das Wahr-Nehmen zu einer Ganzheit werden, einer aus dem Außen und dem Innen bestehenden Einheit. Ich bezeichne diesen Sprung vom Sinnlichen zum Übersinnlichen als einen Quantensprung menschlichen Wahr-Nehmens. Es ist ein Sprung vom Faßbaren zum Unfaßbaren, vom Materiellen zum Immateriellen, vom Endlichen zum Unendlichen, von den materiellen Realitäten der Welt zu einer mystischen Welt des Geistes. Es geht um das Erkennen des Höchsten, um die Wahr-Nehmung des göttlichen Ursprungs des Menschen, in dem er von Ewigkeit zu Ewigkeit aufgehoben ist. Den Klang „anahata" vernimmt der Mensch, der ihn in der Stille wahrzunehmen trachtet und der in seinen Meditationen die Harmonien, einer in Ewigkeit schwingenden Musik der Zyklen des Universums, in einer gestimmten Seele zum Schwingen und Klingen bringt.

Intuition.

Die Welt, die sich der westliche Mensch geschaffen hat ist das Ergebnis seines Einsatzes an Kräften und Fähigkeiten, um sich einen Alltag zu sichern, der seinen Ansprüchen genügt. Es ist ein hochtechnisierter Alltag fast grenzenloser Machbarkeit geworden. Der Mensch hat sich unverhältnismäßig stark in Zeit und Raum und die damit verbundenen Leistungszwänge eingegrenzt, die ihn zunehmend belasten und ihm Unbehagen bereiten. Sach- und Leistungszwänge drängen ihn in ein Routineverhalten und eine innere Vereinsamung. Der seelische Bereich kommt zu kurz, der innere Mensch ist weder angeprochen noch erfüllt, was zu Problemen und zu einem Gefühl tiefen Unbefriedigtseins führen kann. Der Mensch ist mehr als ein rationales Wesen und nicht nur von seinen äußeren Leistungen abhängig. Wenn die Denkfunktion in einem Leben die Oberhand hat, was einer besonderen Veranlagung entspricht,dann folgt daraus eine ganz andere Haltung und als Folge eine ganz andere Welt, als wenn die Intuition die Hauptfunktion darstellt. Logisch und analytisch denken ist eine sogenannt rationale Funktion. Intuition ist eine irrationale Funktion. Intuitive verfügen über eine dem Denken entgegengesetzte Funktion der Orientierung in dieser Welt. Wer vorwiegend denkend durch den Alltag geht, kommt über seine Sinnes- und Verstandesfunktionen zu logischen Schlüssen. Wer sich seiner Intuition bedient, verfügt im geistigen Bereich über eine gesteigerte Wahrnehmungskraft, die über das Sinnliche hinausgeht und in das Übersinnliche reicht. Intuition ist eine Funktion des menschlichen Geistes, die transzendiert. Intuition vermittelt spontane Schau wie sie im „Dritten Auge" möglich ist, spontanes Wahr-Nehmen wie es vom „Transzendentalen Ohr" ins Bewußtsein kommt. Intuition funktioniert im mystischen Bereich des Herzens, den Weise und Erfahrene innerlich erleben und leben.

Was die Sinnesorgane als Licht, Klang, Form, Farbe und Bild erkennen, wird auf die mystische Ebene transformiert und in der Übersinnlichkeit intuitiv erfahren. Das sind dann die Qualitäten einer Wahrnehmung, die keinem Auge und keinem Ohr zugänglich sind, weil sie in der transzendentalen Welt des Geistes beheimatet sind. Wer intuitiv begabt ist, seine Intuition geschärft und verfeinert hat, entwickelt die Fühligkeit, die den Sprung vom sinnlichen zum übersinnlichen Wahrnehmen möglich macht.

Intuition setzt integrative Erkenntniskräfte frei. Sie hat eine verbindende Funktion im Bewußtsein des Menschen, indem sie scheinbar Unterschiedliches und Getrenntes vereinigt. Intuition hebt Grenzen auf und kann das Bewußtsein des Menschen aus selbst gesetzten Begrenzungen, die er sich in Raum, Zeit und Materie schafft, herausheben. Ist Intuition durch Meditation geschult und gefördert worden, vertieft sich Ganzheitsschau, sodaß sinnliches und übersinnliches Schauen ineinander übergehen, sich verbinden zu grenzenloser Erkenntnis. Das ist Zusammenschau von Vergangenheit, von Gegenwart und Zukunft, die sich einem intuitiven Bewußtsein als synchrones Geschehen darbieten, welches die Schöpfung als einen Prozeß ohne Anfang und ohne Ende erkennt. Strukturen, Kräfte und Funktionen des Menschen finden sich für Intuitive im Universum, sie bedingen sich gegenseitig und Intuitive erfahren es in sich selbst, daß der Mensch ohne das Universum nicht sein kann, daß es aber auch kein Universum ohne den Menschen gibt.

Vorurteile über die Intuition und ihre Funktion im Bewußtsein müssen fallen gelassen werden, auch wenn Intuition zu den sogenannten irrationalen Faktoren gehört. Sie hat ihre Berechtigung, ihre Aufgabe im Ganzwerdungsprozeß. Die großen Wandlungen sind ohne Intuition nicht vollziehbar, weil Intuition eine erweiterte und vertiefte Wahrnehmung in einer neu zu erfahrenden Dimension der Spiritualität erst möglich macht. Intuitive Erfahrung hat ihre Wurzeln im Urgrund, zu dem sie auch wieder zurückführt, wenn sie bewußt dafür eingesetzt wird. Die intuitiven Schwingungen erheben Meditierende über alle Zweifel in eine geistige Sphäre, wo Ahnungen das Anjochen an eine Welt möglich machen, in der sich der Mensch geborgen fühlt und erlebt, daß Herz und Seele den Heimweg zu ihrer Urheimat gefunden haben.

Die Seele

Die Seele ist Werk und Werkzeug des Schöpfers mit dem er den Menschen von Ewigkeit zu Ewigkeit lenkt.

Die Seele ist dem Menschen mit dem Höchsten, dem atman, dem göttlichen Funken, eingeboren. Des Menschen Seele ist Werk und Werkzeug des Schöpfers, mit dem er ihn weise von Ewigkeit zu Ewigkeit lenkt. Die Seele ist das feinstoffliche Organ, das des Menschen Wesen durchwirkt, das sich durch den Menschen in der Welt darstellt. Die Seele lebt im Herzen als die Liebe und macht das Leben reich.

In seiner Seele lebt der Mensch Licht und Schatten seiner Existenz, erfährt Höhen und Tiefen des Lebens. Schwingt sich der Mensch in der Meditation zu den Freiheiten der geistigen Welt auf, erfährt er in der Unendlichkeit von Raum- und Zeitlosigkeit ekstatische, reine Freude. Das ist die ekstatische Freude, deren Mystiker aller Zeiten in Meditation und Gebet in echter religio des Herzens teilhaftig wurden und es heute noch werden.

In der Freiheit ohne Grenzen, in der Freiheit ohne Bedingungen, lebt die Seele in ihrer mystischen Heimat. Hat sie sich in Zwang und Dunkelheit verfangen, kann sie in der Meditation in die grenzenlose Freiheit zurückschwingen. Das ist der Heimweg der Seele, die sich an die Weltlichkeit und deren Unwirtlichkeit verloren hat, das ist der Heimweg in die Geborgenheit, die der Schöpfer Suchenden offenbart.

Eine heile Seele setzt ein heiles Leben voraus, das die Gesetze von yama und niyama einhält, das den christlichen Geboten folgt. Seelische Harmonie ist Ergebnis der Meditation als Psychohygiene, als eine Lebensethik. Das bedeutet Hingabe an das Gute im Menschen und an hohe moralische Normen, was ohne dauerndes Bemühen nicht möglich ist. Im Gegenteil, wir sind von diesem idealen

Zustand meist weit entfernt. Davon zeugen stille und laute Hilferufe von Seelen in Not und Verzweiflung, davon reden die langen Wartelisten der Psychotherapeuten, die überfüllten psychiatrischen Kliniken, Stationen seelisch Bedrängter.

Fast jeder Mensch kennt die Lasten des Alltags und des Lebens, die sich auf die Seele legen und sie niederdrücken können. Kleine und große Krisen erwarten den Menschen auf seinem Gang durch das Leben, sie harren der Bewältigung, einer Bewältigung, die oft viel Einsicht, Kraft und guten Willen benötigt. Diesem Einsatz versuchen viele auszuweichen, bis das karma mit Konsequenzen und Lehren sein Recht einfordert.

Hilferufe der Seele äußern sich oft auf Umwegen und verschlüsselt. Seelische Gesundheit und Harmonie bedürfen einer regelmäßigen und bewußten Pflege, wenn sie erhalten bleiben sollen. Die Seele muß in Freiheit schwingen, Liebe erfahren und schenken können, wenn sie nicht darben und kümmern soll. Freude ist das Elixier der Seele, dessen sie bedarf, um die zahllosen Anfechtungen, Zwänge und Forderungen des Alltags unbeschadet überleben zu können. Seelische Gesundheit verlangt Zeiten der Ruhe, der Kontemplation und der menschlichen Zuwendung.

Freuden und Leiden registriert die Seele in den feinsten Nuancen, sie weiß sie auch als Hilfen für innere Entwicklung anzunehmen und zu verarbeiten. Aus den Tiefen der Seele schöpft der Mensch die Kraft, mit den hellen und dunklen Seiten des Lebens umzugehen. Ein disharmonisches Leben wird sich vorerst als Last auf die Seele legen und allmählich den ganzen Menschen erfassen und zeichnen. Der Mensch muß sein inneres und äußeres Leben ordnen, um im Gleichgewicht zu bleiben und die Harmonie der Seele zu gewährleisten.

Man muß sich darüber im klaren sein, daß ein sehr großer Bereich des eigenen Seelenlebens dem Verstand nicht zugänglich ist. Das sogenannte Unbewußte ist im Sinne des Begriffes wirklich nicht bewußt und auch nur schwer und unter bestimmten Umständen bewußt zu machen. Das Unbewußte ist vom Bewußtsein beinahe hermetisch abgegrenzt. Diese tiefenpsychologische Erkenntnis zeigt deutlich, daß die Seele in einen Dunkelbereich hineinreicht, der sich der persönlichen Erfahrung sowie einem willentlichen oder bewußten Zugriff entzieht. Wenn überhaupt eine geistige Funktion des Menschen in die Tiefen und in das Dunkel des Unbewußten einzudringen vermag, dann ist es die Intuition, die mit Hilfe der Meditation verstärkt und geschärft wird. Gerade dem Verstandesmenschen ist das Erfahren seiner eigenen Unbewußtheit besonders erschwert, weil dem Denken hier enge Grenzen gesetzt sind.

Die Seele bewahrt sich einen Teil ihrer Geheimnisse. Sie birgt ein unendliches Gut, das ihr seit der Schöpfung eingeboren ist und das sie dem Menschen offenbart, der sie in Harmonie pflegt und ihren Reichtum darzustellen bereit und fähig ist. Diese Chance bietet sich in der Meditation.

Die Seele wurzelt mit einem großen Anteil im kollektiven Unbewußten der Menschheit und damit in einem unermeßlichen Reichtum, der grundsätzlich auch im Bewußtsein aufscheinen kann. Besonders in der Meditation vermag der Mensch diesen Schatz zu ahnen und anzugehen, dann nämlich, wenn die Bewußtseinsschwelle abgesenkt werden kann und Bewußtheit zunimmt. Im meditativen Zustand nimmt das Erahnen der menschlichen Urtiefen zu, der Mensch kann dann intuitiv den inneren Reichtum erfahren, ins Bewußtsein bringen, in Bild, Ton oder Wort darstellen.

Im kollektiven Unbewußten wurzelt und lebt der Mensch in seiner Urheimat, die er vergessen und verlassen hat, für die er das Sensorium verlor, je mehr er sich der Ratio verschrieb. Der Verlust des Bezuges zu den Mächten und Kräften des kollektiven und auch des persönlichen Unbewußten ist mit ein Grund, daß sich der Mensch sehr oft ungeborgen fühlt und der Angst anheim fällt. In einer Welt, die er mit seinem Intellekt und mit Hilfe der Technik geschaffen hat, in einer solchen, konstruierten Welt, kann sich die Seele nicht geborgen fühlen. Es fehlt ihr der feste Bezug zu ihren Urtiefen, aus denen sie abstammt. Die Meditation bietet die Möglichkeit, daß der Mensch sich die Brücken zu seiner Urheimat im Unbewußten erneut aufbaut, womit der Weg zur Einkehr in die Urgeborgenheit wieder frei wird. Eine freie, befreite Seele vermag die Schätze, mindestens teilweise, aus dem Unbewußten zu heben. In diesem Prozeß, wo die Seele im Unbewußten schöpft, steigen Inhalte als Bildnereien des Unbewußten empor. Es kommen Urlaute und mantrische Klänge zum Durchbruch und zur Darstellung. Die Visionen und Bilder, die dem Urgrund entstammen, sind von großer symbolischer Kraft und enthalten Aussagen, die überwältigen können. Hier wird Archetypisches über eine Seele freigesetzt, die im Urkollektiv des Menschen wurzelt. Die Gestik, Mimik und die mannigfaltigen Formen der Äußerung dieser Inhalte sind als Inspirationen unnachahmlich, einmalig und einzigartig.

Die archetypischen Schöpfungen aus den unbewußten Tiefen der Seele fließen auch in die bildlichen Darstellungen der chakras ein. Wer meditiert, wird mit diesem Reichtum aus dem Unbewußten konfrontiert und zur Auseinandersetzung damit herausgefordert. Es handelt sich um Inhalte und Gestaltungen, die jedem Menschen innewohnen. Weise und Künstler haben sie auf ihre Art wahrgenommen, erforscht und - als chakras dem Menschen zugehörig - dargestellt. Was sich in den chakras manifestieren kann und soll, ist verschlüsselt, so daß es uns nicht ohne weiteres zugänglich ist. Die Symbolik umfaßt einen Teil archetypischen Gutes: geometrische Figuren wie etwa den Kreis, das Quadrat oder das Dreieck. Wie weit wir diese zu verstehen und zu deuten vermögen, hängt ab vom Bewußtseinsstand, den wir durch Übung und Meditation erworben haben. Im muladhara-chakra findet sich die zusammengerollte Schlange kundalini als archetypisch besonders symbolträchtige Gestaltung. Von der Klangsymbolik her sind dem Archetypischen die mantrams zuzurechnen. Die Schwingungen, die von einem gesprochenen oder innerlich rezitierten mantram ausgehen, kommen aus einem tiefen seelischen Grund.

Körperliche oder seelische Krisen werden als störende, belastende oder gar bedrohliche Zustände empfunden und erfahren. Eine Krise kann sich als diffuses Unbehagen, oft als Einbruch in eine gewohnte Routine kundtun. Die Ursache solcher Krisen wird in der Regel nicht bewußt erkennbar. Eine Krise, die den Leib oder die Seele erfaßt, ist immer ein Aufruf zur Ursachenforschung. Die Mißachtung der Warnsignale einer Krise kann diese in ihrer Aktualität und Bedrohlichkeit verstärken.

Krisen haben einen tieferen Grund und immer auch ihren Sinn in einem Leben. Sieht man das Leben als eine Schule mit Aufgaben, die der Mensch zu lösen hat, dann sind auftretende Krisen in diesem Sinn zu deuten und anzugehen. Sie sind ein Grund, den Lebenswandel zu hinterfragen und Selbstkritik zu üben. Die sich ergebenden Folgerungen drängen oft zu Änderungen von Gewohnheiten und Gepflogenheiten. Das fällt vielen Menschen schwer, meist schwerer, als gewohnter Routine zu folgen, auch wenn sie augenfällig in die Krise geführt hat. In solchen Fällen ist eine notwendig gewordene Lehre nicht verstanden, nicht ernst genommen und in den Wind geschlagen worden. Dann tritt die Krise in eine zweite Phase, denn das karma möchte eine Wende auf dem falschen Weg bewirken. Der Leidensdruck erhöht sich, um die Dringlichkeit der geforderten Änderungen dessen, was falsch läuft, zu verdeutlichen.

Menschen, besonders solche, die meditieren, beginnen in der ersten oder spätestens in der zweiten Phase nach den Ursachen zu forschen. Ihre Intuition hilft ihnen, die Wurzeln des Übels zu erkennen und anzugehen, auch wenn es oft schwer fällt und dem Wink der Krise gemäß ein alter Weg verlassen, ein neuer gewählt werden muß. Eine Krise bringt ihre Symptome meist nicht direkt in einem deutlich erkennbaren Zusammenhang hervor. Im Gegenteil, sie kaschiert den wahren Grund und wählt Umwege, die einer profunden Deutung bedürfen. Die Ursachenforschung ist somit erschwert, vielleicht mit Absicht. Die Krise äußert sich fast immer in Scheinsymptomen. Die wirklichen Ursachen verstecken sich, bewußt oder unbewußt, im Hinter- oder Untergrund, weil die wahren Gründe fast ohne Ausnahmen mit persönlichen, emotionalen und intimen Empfindlichkeiten besetzt sind, die nicht manifest werden sollen.

Das ist der Widerstand, welcher sich der Behebung einer Krise entgegenstellt. Dieser Widerstand ist meist größer als Wunsch und Bedürfnis nach Besserung des Krisenzustandes. Wer meditiert, wird auf die Mahnung einer Krise hin reagieren, sie eingrenzen und mit gutem Willen angehen. Meditierende können besser mit sich und mit Krisen umgehen, weil sie weniger in Konventionen befangen sind und auch besser loslassen können, wenn es erforderlich ist. Meditierende sind bewußter auf dem Weg durchs Leben, auch zu Kursänderungen bereit und fähig.

Allzu viele hören oder verstehen die Mahnrufe der Seele nicht, die auf eine Beseitigung der krankmachenden Ursachen hinzielen. Viele versuchen, die Krise auszusitzen und hoffen auf ein Wunder, das jedoch in der Regel nicht eintritt. Auch ist die Belastbarkeit des Menschen sehr verschieden. Was dem einen tragbar erscheint, ist für andere schon unerträglich. So wird auch der körperliche oder seelische Schaden unterschiedlich ausfallen, den ein Leidensdruck erzeugt.

Im Sinne der funktionellen Einheit von Körper und Seele, der Psychosomatik, ist der ganze Mensch von einer Krise betroffen und wird auch ganzheitlich darauf reagieren. Wird die Seele den Druck nicht los, unter den sie durch die Lebensumstände geraten ist und den sie als Krise zum Ausdruck bringt, dann kommt es zu einer Steigerung und Dramatisierung der Symptomatik. Es wird nach außen Krankheit signalisiert. Die gestörte Ordnung fordert die Wiederherstellung eines tragbaren, erträglichen Zustandes.

In diesem Stadium einer Krise wählt sich die bedrängte Seele gewissermaßen einen Ort, der geeignet erscheint, die untragbare Belastung zu übernehmen, einen Platz im Gesamtorganismus, der die Kränkung nach außen deutlich macht. Dazu eignet sich vorzugsweise ein physischer Ort von geringer Widerstandskraft, man nennt ihn locus minoris resistentiae.

Nun setzen innerhalb der komplizierten Vernetzungen des psychosomatischen Organismus komplexe Vorgänge ein, die darauf ausgerichtet sind, den Gesamtorganismus in gesundheitlicher Ordnung zu halten, Entgleisungen zu vermeiden oder Störungen im Sinne von Erkrankungen und auftretenden Krisen zu bewältigen. Das Immunsystem wird aktiv, um die Ordnung im seelischen wie im körperlichen Bereich zu bewahren oder wieder herzustellen. Innerhalb dieses Reglersystems spielen die feinstofflichen Kräfte des energetischen Systems eine besondere Rolle. Störungen und Krankheiten der Seele sind Störungen im Fluß der feinstofflichen Energie als einem Über- oder Unterangebot, als Stauung oder als Blockade von Kräften. Auf energetische Störungen folgen in Körper und Seele Fehlsteuerungen und Krankheiten.

Sehr oft sind aber auch feinstoffliche Entgleisungen die Folge von seelischen Belastungen, die sich über längere Zeit unbewältigt dahinziehen, Krisen erzeugen und körperliche Krankheiten bewirken. Das Immunsystem sucht den Gang von beginnenden Störungen und von sich andeutenden Krisen nach dem Prinzip der Selbstheilung aufzuhalten und ein Übergreifen auf andere Systeme zu verhindern.

Eine energetisch konzipierte Therapie kann in diesem Stadium einer Symptomatik den Selbstheilungskräften zu Hilfe kommen und die Somatisierung des seelischen Leidens verhindern. Nimmt die Störung des seelischen Gleichgewichts ihren Lauf, pendelt sich der Energiefluß im Gesamtorganismus nicht auf die Norm ein, dann wird der Körper in der Folge ein Krankheitssymptom entwickeln.

Ein Musterbeispiel in diesem Zusammenhang ist der Rücken mit der Wirbelsäule und einer kräftigen Muskulatur. Dieses kraftvolle System ist dazu ausersehen, den Menschen auf seinen zwei Beinen aufrecht zu tragen. Nun ist es gerade der Rücken, der sich häufig nicht nur unter der Last des Körpers, sondern auch unter seelischen Belastungen beugt, die Lasten der Seele übernimmt, die sie nicht mehr zu tragen vermag. Den zusätzlichen Belastungen ist das System Rücken aber nicht ohne weiteres gewachsen, es wird Krankheitssymptome entwickeln und nach außen deutlich machen. Spannungen und Verkrampfungen der Seele erzeugen Symptome in der Rückenmuskulatur vom Nacken bis zum Gesäß. Auch der Kopfbereich mit seinen Innervationen übernimmt vorzugsweise als locus minoris resistentiae seelische Verkrampfungen. Das können Neuralgien aller Art, Kopfschmerz und Migräne sein, die auf kritische Zeitpunkte „terminiert“ sind und etwa an Wochenenden auftreten. Das sind Hinweise, daß Belastungen in der Familie, in der Partnerschaft oder am Arbeitsplatz seelische Konflikte verursachen, die sich im Körper manifestieren und damit deutlich bemerkbar machen.

Ein weiteres Feld für die Somatisierung seelischer Leiden ist die Haut, die Oberfläche des Menschen. Reagiert die Seele allergisch auf Menschen oder Situationen, kann sich dies als Reizung, als Allergie auf der Haut zeigen. Dann ist die innere Reizschwelle durchbrochen, der gereizte Zustand zeigt sich auf der Oberfläche.

Das Herz funktioniert und schwingt mit den Rhythmen der Feinstofflichkeit, ihren elektrischen Kräften und Impulsen, welche seine Arbeit gewährleisten. Für die Mystiker ist das Herz der Sitz der Seele. Störungen und Disharmonien der Seele beeinträchtigen die Herztätigkeit und erzeugen Herzerkrankungen, die bedrohlich verlaufen können.

Auf seelische Belastungen reagieren auch der Magen und der gesamte Magen-Darm-Trakt sehr sensibel. Dieser Bereich kann in der Folge eine komplexe Symptomatik entwickeln, die therapeutisch schwer anzugehen ist. So bleibt es meist bei einer reinen Symptombehandlung, wenn die seelischen Hintergründe nicht erkannt und nicht behandelt werden.

Das kurz aufgezeigte Grundschema psychosomatischer Reaktionsmechanismen, in dem die seelischen Belange immer eine wesentliche Rolle spielen, läßt sich mit der nötigen Fühligkeit und Intuition im gesamten menschlichen Organismus nachweisen. Diese Erkenntnisse sind für eine echte Bewältigung von Krisen grundlegend. Heilung eines Leidens kann nicht in erster Linie Behandlung eines Körpersymptoms sein. Sie muß die Diagnose in den seelischen, feinstofflichen Bereich zurückführen und von dort aus die gestörte Harmonie wiederherstellen. Dem aus dem seelisch-geistigen Bereich auf den Körper abgeschobenen Druck als Störung der Harmonie, und der darauf folgenden Krankheit, muß die Ursache entzogen werden, wenn die Heilung echt, dauerhaft und vollständig sein soll.

Meditation verhilft dazu, das Ganze sowie die Zusammenhänge zwischen dem Ganzen und seinen Teilen wahrzunehmen. Meditation ist Bewußtseinserweiterung, die die Welt von Seele und Geist erhellt. Störungen in den feinstofflichen Fluktuationen der Seele können durch Meditation in einem sehr frühen Stadium erkannt und meist auch bereits bei der Entstehung behoben werden. Ausdauernde Meditation vermag passende heilsame Schwingungen und Resonanzen zu erzeugen, welche die Seele in Ordnung bringen, wenn sie unter Druck zu geraten droht und einen Ausweg aus der Krise sucht. Meditation macht die Seele heil und stark.

Komplexe

Je bewußter man lebt, desto weniger wird der Alltag von komplexhaften Reaktionen begleitet.

Wer glaubt sein Tun und Lassen mit reinem Verstand und völlig bewußt zu steuern und so sein Leben sicher zu meistern, unterliegt einem Irrtum. Wohl ist der Anteil des Bewußtseins am Geschehen im Alltag groß, dazu haben wir schließlich unser Denken. Wir dürfen aber nicht übersehen, daß ein Großteil unserer Handlungen auch vom Unbewußten her gesteuert wird, ob wir es wollen oder nicht. Das sogenannte Unbewußte des Menschen nimmt großen Einfluß auf sein Verhalten. Es entzieht sich, im Gegensatz zu allem, was über das Bewußtsein läuft, einer Kontrolle und einer Steuerung.

Im Unbewußten gibt es einen persönlichen Anteil, der durch das individuell gegebene Leben geprägt ist. Es gibt aber auch ein sogenannt kollektives Unbewußtes, das Inhalte aufweist, die seit der Schöpfung den Menschen begleiten. Im persönlichen Unbewußten liegen die Komplexe, die sich ein Mensch während seines Lebens zugelegt und erworben hat und die sich im Alltagsverhalten, meist störend und verfälschend auswirken. Komplexbelastete Handlungen und Entscheidungen sind in unserem Tun und Lassen häufig, umso häufiger, als wir unbewußt leben und uns durch alle möglichen Einflüsse treiben lassen. Psychologische Forschungen haben ergeben, daß auch in wichtigen Entscheidungen und lebenswichtigen Handlungen die Einflüsse des Unbewußten eine große, ja eine entscheidende Rolle spielen. Das gilt sogar in Fragen der Wahl von Partnerschaften persönlicher oder geschäftlicher Art. In extremen Fällen kann ein Komplex zu schwerwiegenden Fehlentscheiden führen.

Komplexe können nach den Regeln der Verdrängung entstehen. Das heißt, daß Störendes, das dem Menschen begegnet so rasch als möglich abgeschoben, vergessen, also verdrängt wird. Mit dieser Art des Verdrängens unangenehmer Vorkommnisse, sind diese aber nicht aus der Welt geschafft, sie existieren im Unbewußten weiter, wohin sie ins Dunkel der Seele abgeschoben werden. Menschen, die unter moralischem Druck aufgewachsen sind, die unter autoritären Eltern oder Vorgesetzten leben mußten, tragen oft schwer an Komplexen.

Die Konsequenzen sind Verhaltens- und Wertvorstellungen, die ein Leben lang Menschen stören. Kritik und Tadel aus der näheren oder weiteren Umwelt führen zu Verunsicherung und zu Gewissensbissen, wenn sie wiederholt an den Menschen herantreten. Schlußendlich wird das Unangenehme und Unpassende, das sich aus Konflikten ergibt ins Unbewußte verdrängt, wo es als Komplex ein Eigenleben führt. Damit ist der Konflikt nicht aus der Welt geschafft, sondern ins Dunkle abgeschoben, wo er scheinbar nicht mehr stören kann. Die Verlagerung all dessen ins Unbewußte, was der menschlichen Erfahrung als verboten, unmoralisch, störend, töricht, dumm oder häßlich begegnet und auch von außen angelastet wird, führt zu seelischen Belastungen. Diese bleiben im Dunkeln wirksam und können meist in ungeeigneten Situationen, zur Oberfläche und in das Handeln des Menschen durchbrechen. Diese Komplexhandlungen können sich in harmlosen Versprechern und ärgerlichen Fehlleistungen aber auch in schweren Problemhandlungen äußern, die Folgen haben und das Leben stark beeinträchtigen können.

Komplexe führen also im Unbewußten ein abgekapseltes Eigenleben. Sie können unvermittelt und in unpassenden Situationen und Augenblicken in Denken und Handeln des Menschen meist störend und verfälschend einfließen. Die Ratio vermag oft das Kompexhafte nicht oder zu spät zu erkennen, womit eine Korrektur fast ohne Ausnahme nicht möglich wird. Die komplexbehafteten Aktionen nehmen ihren Lauf und greifen in Alltag und Leben ein, dies meist in unerwünschter Weise. Komplexe werden sehr oft als Reaktion auf eine Reizsituation aus der Umwelt aktiv, besonders dann, wenn der Mensch an einer empfindlichen Stelle getroffen wird. Reizsituationen berühren in solchen Fällen Geschehnisse aus der Vergangenheit, die zum Komplex geführt haben. Ist nun das Unbewußte im Laufe der Zeit zu einem Entsorgungplatz für Unangenehmes, Störendes, Verdrängtes und Unakzeptables geworden, dann wird das Fassungsvermögen allmählich überschritten. Der seelische Unrat kann nicht mehr aufgearbeitet werden und die Konflikte häufen sich, die menschlichen Reaktionen werden unberechenbar und unkontrolliert.

Komplexe, die aus unverarbeiteten Erlebnissen heraus entstanden sind und im Unbewußten weiterbestehen, können in Eigenanalyse und Selbsterforschung kaum oder gar nicht aufgearbeitet werden, weil sie eben in einem Dunkelbereich der Seele ihr Eigenleben führen. Schuldgefühle, die fast immer ethischen, moralischen und zwischenmenschlichen Konflikten entstammen, setzen zur Aufarbeitung eine hohe Hemmschwelle. Man möchte sie lieber nicht wahr haben.

Soll ein Komplex aus dem Unbewußten gehoben und beseitigt werden, muß er auf dem umgekehrten Weg seiner Entstehung gewissermaßen ans Tageslicht befördert werden. Dieser Bewußtmachungsprozeß ist immer mit seelischem Schmerz verbunden. Der psychologische Widerstand, daß seelischer Unrat an den Tag kommt, ist groß.

Meditation könnte bei der Befreiung von Komplexen eine große Hilfe sein, setzt aber Selbstkritik und den Willen zum Heilwerden voraus. Die Bewältigung von komplexbelasteten Reaktionen kann durch Meditation in Reichweite kommen und ist für die Entwicklung der Persönlichkeit Voraussetzung. Einfacher ist es, einen Lebenswandel zu führen, der nicht zu Verdrängungen und zur Entstehung von Komplexen führt. Das ist der Ratschlag des Patanjali mit seinen Geboten yama und niyama. Je unbewußter ein Leben verläuft und je unkritischer der Mensch sich selbst gegenüber ist, umso größer ist die Wahrscheinlichkeit, daß Konflikte, und damit Verdrängungen mit daraus folgenden Komplexen, entstehen.

Wer meditiert gewinnt mehr Einsicht in die eigenen Verhaltensweisen und Reaktionen und geht auch anders auf Menschen zu. Meditierende haben eine Beziehung zu ihrem Umfeld, das sie vor Fehleinschätzungen und den daraus sich ergebenenden Fehlreaktionen bewahren kann.

Mit einem Minimum an Komplexen und den daraus entstehenden Fehlhaltungen zu leben ist erstrebenswert. Sich mit dieser Problematik auseinanderzusetzen ist eine Notwendigkeit, wenn man ein Leben in Harmonie verbringen und glücklich sein will. Komplexe hindern den Menschen an seiner inneren Entwicklung und sind für vieles verantwortlich, was vermieden werden könnte. Sie absorbieren auch sehr viel Kraft und Vitalenergie durch ihre Existenz im Unbewußten, was einem harmonischen Lebensrhythmus im Wege steht. Die Prinzipien und Ergebnisse einer regelmäßigen Meditation sind auch unter diesen Gesichtspunkten eine große Hilfe, um Licht und Harmonie in die Seele zu bringen.

Depression

Depression ist Chance zu innerer Wende.

Der Mensch ist des Dunkeln und des Hellen teilhaftig. Der Mensch ist in Leib und Seele Licht und Schatten, eingebettet in den Kreislauf von Yang und Yin, in die mächtig wirksamen Polaritäten des Universums.

Innerhalb der Polaritäten, die das Leben steuern, kann der Mensch seine Mitte finden. Einem zwischen den Extremen pendelnden Energieaustausch erwächst integrative Kraft, die Existenz im Licht- und im Schattenhaften möglich macht. Die Kräfte und Energien der beiden Extreme machen das Leben aus, wenn sie erkannt, zugelassen und verwendet werden: ein bewußtes Leben in Harmonie.

Des Menschen Seele gründet im Reich des dunkeln Unbewußten ebenso wie im Lichthaften. Das Bewußtsein kann einen mächtigen Bogen zwischen die Extreme spannen und sie zu einer funktionellen Einheit bringen. Der Stand des Bewußtseins, auch Meditation, die das Bewußtsein gestaltet, bestimmen Funktion und Bedeutung von Hell und Dunkel im Menschen, wie er diese Kräfte einsetzt und verwertet. Sie harren der Umsetzung im Alltag, ermöglichen dem Menschen die Darstellung seines Wesens, sein Werk und Kunstwerk.

Glückhafte Selbstverwirklichung ist Umgang mit den Gaben der Schöpfung, Umgang mit dem engelhaften Licht und dem dämonischen Dunkel, die im Werk des Alltags, wie auch im Werk der Künstler umgesetzt, zur Meisterschaft werden können. Die Kräfte von Licht und Schatten aus einer harmonischen Seele heraus zu gestalten ist vielen Menschen nicht gegeben. Sie kommen damit in ihrem eigenen Innern nicht zurecht, sodaß mehr oder weniger belastende Probleme entstehen können. Wohl möchte der Mensch glücklich und in Harmonie leben, die Absicht dazu bleibt aber oft Wunschtraum und die meist selbst geschaffenen Lebensbedingungen gewährleisten das ersehnte Glück keineswegs. Oft wird auch komplexhaft das Negative gesucht und getan, es sind selbstquälerische Tendenzen mit im Spiel, die zu unglücklichen Konstellationen, Handlungen und Schicksalen führen. Viele wiederum leben in einer gekünstelten Glückseuphorie, in einem Konsumrausch, die das Dunkle zu verdrängen suchen und das scheinbare Glück herbeizureden und herbeizuzwingen versuchen. Ein sogenannt schönes Leben läßt sich vielleicht auf Zeit aufrechterhalten.

In Leib und Seele des Menschen hat das dunkle Yin seine Aufgaben im Ausgleich zum hellen Yang, daran vermag keine Verstandeskonstruktion etwas zu ändern. Wer denkend versucht das Dunkle seines Wesens zu ignorieren, es zu verdrängen, wird bald einmal von seinen dunkeln Seiten eingeholt werden. Die Folgen können Depression und Desorientierung sein, die Sinnlosigkeit eines auf falschen Grundlagen aufgebauten Lebens zeigt sich deutlich. Wenn eitle und maßlose Wünsche nicht in Erfüllung gehen, kommen Enttäuschung, Ratlosigkeit, Unzufriedenheit und Frustration auf, seelische Zustände durch die sich das zurückgedrängte Dunkle bemerkbar macht. Ein Leben muß als polar angelegtes Ganzes mit Licht- und Schattenseiten angenommen und gelebt werden. Das Dunkle, das Böse, das Schlechte und das Dämonische sind in der Welt ebenso wirksam, wie das Lichthafte und Gute und fordern die Standfestigkeit des Menschen heraus. Der Druck des Bösen kann zur seelischen Belastung werden, wenn ihn der Mensch nicht aufzuarbeiten vermag, wenn er das Böse nicht zum Guten ins Verhältnis setzen kann.

Gemäß seiner Veranlagung, der Erziehung und den Lebensgewohnheiten, seiner inneren Kraft und dem Stand seiner religio zum Höchsten, wird der Mensch seinen Weg zwischen Hell und Dunkel finden und gehen können. Ohne einen inneren starken Kompaß und ohne regelmäßige Arbeit an sich ist der Weg durch das Leben nicht leicht zu gehen, denn Herausforderungen gehören zum Weg des Menschen.

Ein Leben, das durch ein Übermaß an Dunkelheit überschattet wird und die Seele über längere Zeit bedrückt, kann in Depression abgleiten. Es kann sein, daß in solchen Fällen karma aufgearbeitet werden muß. Der Mensch muß sich bewußt werden, was ihm eine Depression signalisieren will, er muß Einsicht in deren Entstehungsgeschichte gewinnen und sich selbst kritisch prüfen. Aus Einsicht und aus dem Willen einen besseren Weg einzuschlagen als jenen, der zur Depression führte, kann Kraft zu deren Überwindung erwachsen.

Ohne Fremdhilfe vermögen Betroffene oft nur schwer aus einer Depression herauszufinden. Hilfestellungen und Verständnis, Gespräche, die der Aufarbeitung von Problemen dienen, können Deprimierten helfen damit fertig zu werden und die Depression zu überwinden, wenn sie dazu motiviert sind.

Selbsthilfe verlangt von Depressiven höchste Anstrengungen, weil das Bewußtsein überschattet und gelähmt ist. Depressive verfallen einem lethargischen Zustand, einer mehr oder weniger ausgeprägten Passivität, die sie zum Handeln unfähig machen kann. Die Verdunkelung des Bereiches der Seele und des Bewußtseins macht Selbstkritik und eignes Forschen nach den Ursachen der Depression fast unmöglich, verlangt auf jeden Fall größten Einsatz. Nachdenken vermag meist nicht in die Tiefen der Entstehungsgeschichte einer Depression vorzudringen und das Dunkel zu durchbrechen, das sie einhüllt. Außenstehende kommen den Ursachen eines depressiven Leidens in der Regel rascher näher und können Hilfestellungen leisten, wenn Betroffene dazu bereit sind. Nur wenn die wahren Ursachen erkannt sind und auch richtig angegangen werden, kann es zu einer Besserung kommen. Werden die Symptome einer Depression allein mit chemischen Medikamenten, etwa mit Antidepressiva angegangen, ist eine echte Heilung von der Wurzel her nicht möglich. Ohne eine Aufarbeitung vom Grund her, ist eine Depression nicht auf Dauer zu beheben. Eine symptomatisch behandelte Depression wird früher oder später zurückkehren.

Seelische Depressionen verstecken sich häufig hinter körperlichen Krankheiten, aber die Seele kann auch als Folge einer körperlichen Entgleisung in Unordnung kommen. Ein Beweis für die wechselseitige Beziehung zwischen Körper und Seele. Die Symptome der Entgleisungen machen sich im einen oder im anderen Bereich bemerkbar und bedürfen einer ganzheitlichen Bertrachtungsweise, wenn man ihnen auf den Grund kommen und sie therapieren will.

Ein Mißbrauch der seelischen oder körperlichen Kräfte im Sinne einer Überforderung oder Dauerbelastung kann zu einem Schwächezustand, zu einem Energiedefizit führen, in dessen Folge eine Depression eintreten kann. Das überaktive Yang verschleißt die Yin-Energie und die Harmonie wird gestört. Können Seele und Bewußtsein aus dem fordernden Yang-Zustand nicht in regeneratives Yin zurückschwingen, werden die natürlichen Abwehrmechanismen des Gesamtorganismus behindert und gestört. So bekommen die dunkeln Mächte Zugriff auf ein geschwächtes Immunsystem und damit ist krankmachenden Veränderungen Tür und Tor geöffnet.

Überforderungen gehören oft zum Alltag und damit ist das bewußte oder unbewußte Ausweichen Betroffener in eine Depression nicht selten programmiert. Die Pflichten, die Familie, Beruf und Lebensumstände fordern, machen zahlreichen Menschen zu schaffen und viele bringen Kraft und Willen nicht mehr auf, um ihnen Genüge zu tun. So zeigt dann eine Depression oft Hilflosigkeit, Unvermögen, Schwäche und Hilfsbedürftigkeit an. Auch Krisen, die mit besonderen Lebensabschnitten zusammenhängen und Veränderungen bringen, wie Pubertät, Wechseljahre oder Pensionierung, können in einer Depression ihren Ausdruck finden. Frustrationen aller Art, Gewissensnöte, nicht verarbeitete Probleme und Konfliktsituationen äußern sich mitunter in depressiven Phasen. Gibt es zwischen Leid und Freude, zwischen Belastungen und Regeneration keinen entsprechenden Ausgleich, reagiert die Seele empfindlich und ruft nach Abhilfe. Das ist ein natürlicher Selbstschutzmechanismus, der nicht ungestraft überhört werden darf.

Liegen schwere, ererbte oder endogene Depressionen vor, muß grundsätzlich von Meditation abgeraten werden. In solchen Fällen sind Rat und Behandlung einer psychologisch oder psychiatrisch geschulten Fachkraft unumgänglich. Bei schweren Depressionen kann Meditation, falsch oder ohne Kontrolle praktiziert, zu einer Verschlimmerung des Leidens führen, weil Betroffene den auftauchenden Problemen nicht gewachsen sind.

Die Depression kann Signal und Chance sein, Lebensprobleme zu erkennen und aufzuarbeiten. In diesem Zusammenhang können Erkenntnisse aus der Meditation eine große Hilfe darstellen. Zur Wahrung und Wiederherstellung der naturgegebenen Ordnungen leistet Meditation einen wesentlichen Beitrag, wenn sie regelmäßig praktiziert wird. Meditation hilft Prioritäten zu setzen und sie sinngemäß zu leben, so daß Harmonie in Tun und Lassen gewährleistet ist. Mit Hilfe der Meditation lernen Menschen mit Depressionen umzugehen und zu leben, sie einzuschränken und sogar zu bewältigen.

Besonders dann, wenn Meditation in körperliche Übung einbezogen ist, kann sie die Lebenskraft steigern und im mentalen Bereich Blockaden lösen. Das hat zur Folge, daß zwischen dem Fluß der Yin- und Yang-Energie ein Ausgleich stattfinden kann, der das Dunkle in harmonische Beziehung zum Licht setzt, womit der Depression zunehmend die Übermacht entzogen wird.

Angst

Echte Spiritualität hat Angst überwunden.

Das Wort Angst läßt sich auf die lateinische Silbe ang zurückführen und steht im Zusammenhang mit ango, angustia, angustus. In der Übertragung in die deutsche Sprache ergeben sich folgende Bedeutungen: eng, kurz, verzweifelt, bedrückt, bedrängt, unglücklich, eingeschränkt, antriebsschwach, gequält, beunruhigt, leidend, gepresst. So kann die Angst sein und sich auswirken.

Mit diesen Umschreibungen ist für unsere Betrachtungen der Angst ein weiter Rahmen gesetzt. Angst als Enge, Antriebslosigkeit, Bedrückung, Verzweiflung, als quälendes und einschränkendes Leiden ergibt ein Szenarium eines Lebens, das manche Menschen von der Geburt bis zum Tod begleitet. Angst prägt dann des Menschen Bild von der Welt und vom Alltag, beschränkt die Aktionsfähigkeit von Herz, Hand und Bewußtsein in eine Enge, die es eigentlich gar nicht gibt, nicht geben kann. Angstmenschen sehen und erleben aus ihrer Sicht die Angst überall, Angst, die ihnen die Freiheit nimmt, besonders die Freiheit, die geistige Welt zu erkennen und in ihr zu leben. Angstmenschen ist die Angst in die Seele, ins Antlitz und auf den Leib geschrieben. Man sieht und erkennt sie überall. Angst ist weit verbreitet in einer Welt, die tatsächlich ängstigen kann.

Es mag sein, daß der Weg ins Leben mit der Geburt erste Ängste setzt. Pressender Druck in dunkler Enge der Geburtswege befördert den werdenden Menschen in die Welt. Ob dieser Prozeß angstlos verlaufen kann und ob solches Erleben sich nicht ins Bewußtsein einläßt, eine Ängstlichkeit begründen kann? Im Leib der Mutter kann der Fötus Geborgenheit in Wärme und Schutz erleben, an der Seele der Mutter teilhaben. Eine werdende Mutter, die in Angst und Disharmonie ihre Tage verbringt, wird ihr eigenes Erleben nicht vom Ungeborenen fernhalten können.

Der Entbindungvorgang drängt den Menschen über die Geburtswege in die Welt, aus der Geborgenheit hinaus und zum Loslassen der vitalen Bindungen an die Mutter. Dies ist ein Prozeß, eine Ent-Bindung im wahren Sinne des Wortes, ein Übersiedeln aus bedingungsloser Geborgenheit in eine Welt der Ungewißheiten.

Schon die ersten Minuten, die den Menschen in die Welt führen, können mit großen Ängsten einhergehen, die sich auf das spätere Leben auswirken und der Aufarbeitung bedürfen, auch wenn konkrete Erinnerungen an diese Lebensphase nicht bestehen. Angst hat auf jeden Fall seit den ersten Stunden eines Lebens, oft bis zu dessen letzten Stunden, großen Anteil an der Existenz des Menschen. Gewiß hat sie darin auch ihren Platz und ihre Berechtigung. Menschen müssen lernen mit der Angst zu leben und umzugehen, auch erkennen, daß sie beim Aufbau ihrer Persönlichkeit eine Funktion hat. Allerdings zeigt die Erfahrung, daß zu viele Menschen nicht in der Lage sind ihre Ängste zu bewältigen und sie in ihr Leben zu integrieren.

Meditation ist ein realer Weg zur Angstbewältigung, auch wenn die dabei geforderten Anstrengungen nicht gering sind. Ob Angstmenschen bereit und fähig sind in der Meditation einen Weg der Angstbewältigung und schließlich der Angstlosigkeit zu gehen, hängt von ihrem Willen zu einer echten Selbstverwirklichung ab. Der Lohn für jene, die Meditation in ihren Alltag einbeziehen ist auf jeden Fall groß. Echte Spiritualität hat Angst überwunden. So, wie der Mensch sich seiner Existenz bewußt wird und wie er sie als Gegebenheit anzunehmen bereit ist, so wie er sie aus sich heraus gestaltet, wird sie seine ureigene Wirklichkeit werden.

Gelingt im Laufe der Arbeit an sich selbst der Ausbruch aus ängstigenden Bedingungen eines rein rationalen, technisierten und an das Materielle gebundenen Lebens, ist ein großer Schritt in der Relativierung der Angst vollzogen. Gelingt in der Folge der Durchbruch in die Freiheiten der geistigen Welt, dann ist der Angst der Boden entzogen.

Die Freisetzung des Bewußtseins in die spirituelle Welt gleicht einer zweiten Geburt. In der zweiten Geburt kommt der innere Mensch zur Welt. Mag in der leiblichen Geburt Angst mit im Spiel sein, so kann die zweite Geburt, im Geist, den Menschen von Angst entbinden, ihn einbinden in eine Welt der Angstfreiheit. Mit diesem Bewußtseinsprozeß ist auch der geistige Mensch Wirklichkeit geworden, der Mensch als Ganzheit in die Welt gekommen, ein Mensch ohne Angst! Wo könnte noch Angst sein, wenn der Mensch seine Rückbindung in die geistige Heimat vollzogen hat, wenn seine echte religio zu Gott Wirklichkeit geworden ist?

Im Auge der Weisheit, im ajna-chakra, wird nach indischer Auffassung Täuschung, also auch die Angst, überwunden. Angst ist die Folge einer Bindung, einer Hingabe an die rein substanzielle, materielle Welt. Ist im ajna-chakra die geistige Welt Wirklichkeit geworden ist die Angst überwunden, welche die Welt der Dinge bereit hält, selbst die Angst vor dem Sterben, das ein Loslassen von den Bindungen an diese Welt fordert.

Wer sein Bewußtsein im ajna-chakra geweitet hat, hat eine Freiheit erlangt, die absoluter Besitz ist, ein Gut, das nicht verloren gehen kann. Wer sich während des Erdenlebens als vorübergehend eingesetzter Verwalter eines Darlehens erfährt, wer jederzeit loslassen kann, wird einen freien und zufriedenen Alltag leben. Weil nun aber in manchem Bewußtsein Geld und Gut Hauptanliegen sind, der Mensch seine besten Kräfte zu deren Mehrung einsetzt, regiert nicht nur das Geld, sondern auch Angst die Welt. Dies ist ein Leben in Kampf und Krampf, in einer falschen Grundhaltung, die Betroffene gefangen und in Angst hält. Es ist kein Zufall, daß solche Verkrampfung Menschen in ihrer inneren und äußeren Haltung zeichnet. Angst spiegelt sich in ihrem Wesen, die Augen sprechen von Ängsten der Seele, Mimik und Gestik sind angstvoll. Angstmenschen sind in ihrem Gehabe befangen und gelähmt, sie ducken sich, ziehen den Kopf zwischen die Schultern ein. Sie zögern und fürchten sich einen Fuß vor den anderen zu setzen, den nächsten

Schritt in die Zukunft zu tun. Ihre Schutz- und Abwehrgesten sind unverkennbar, wenn sie Arme und Hände abweisend vor jeder unvorhergesehenen Begegnung oder Handlung hochheben. Menschen, die Angst haben, können ausführlich über ihre Ängste reden, werden sie aber im Grund trotzdem nicht los. In ihren Reden kommen verschiedene Arten der Angst zum Ausdruck.

Es gibt eine Angst vor ganz konkreten Dingen, Situationen und Begebenheiten, die sich klar umreißen und von Geängstigten beschreiben läßt. Solche Ängste haben einen Bewußtseinsgrad erreicht, der es möglich macht sie verhältnismäßig leicht zu bewältigen, weil sie bekannt sind. Ängste, die unkontrolliert, oft aus dem Unbewußten heraus agieren, sind bedrohlicher und schwer anzugehen. Sie lassen sich nicht genau definieren und umschreiben und bieten wenig Anhaltspunkte für eine Therapie.

Ängste werden immer subjektiv produziert und empfunden. Die Anlässe für Angst reichen von Banalitäten bis zu wirklicher Bedrohlichkeit. Besonders bei Ängsten, die dem Unbewußten entsteigen, können Betroffene eine grenzenlose Erfindungs- und Assoziationsgabe entwickeln und sich in deren Bedrohlichkeiten hineinsteigern. Angst kann zu körperlichen und seelischen Krankheiten führen, weil sie einen Leidensdruck erzeugt, der sich irgendwo im Organismus festsetzen will, um erkennbar zu werden. Wer mit seinen Ängsten nicht umgehen kann, gerät unter eine zunehmende Belastung, die unter Umständen nicht mehr tragbar ist.

Weil Angst beengt, hemmt, einschränkt und Antriebe schwächt, kann der körperbezogene Yoga mit seinen Haltungen hilfreich sein, ein Yoga, der in den weiterführenden Stufen zu einem inneren Yoga und damit zu einer inneren Haltung wird. Meditation vollendet im Idealfall den Weg der Befreiung aus der Angst.

Dieser Weg ist nur für Menschen geeignet, deren Ängste noch keine psychotherapeutische Behandlungsbedürftigkeit zeigen. Der Yoga kann das Leiden, das Angst erzeugt, abbauen indem er äußere Haltung als Festigkeit, Standfestigkeit, Sicherheit und Harmonie nach innen in die Seele und in das Bewußtsein einfließen läßt. Das befreit an Ängsten Leidende von Druck und läßt sie in glücklichen Minuten des Gelingens und in Stunden der inneren Lösung aufleben. Die Kraft und die Harmonie der Yogahaltungen führen aus den Angsthaltungen heraus und bauen ein tragfähiges Bewußtsein auf, das die Angst begrenzen und allmählich bewältigen kann. Schreitet die Bewältigung der Angst in einem zunehmend geistorientierten Bewußtsein fort, wird Meditation die Führung des geängstigten Menschen übernehmen, der sich zunehmend spirituellen Erkenntnissen zu öffnen vermag.

Angst wird im geschulten und erweiteren Bewußtsein regelmäßig und hingebungsvoll Meditierender keinen Platz mehr finden. Auch zum Tod, dem großen Angstmacher, werden Meditierende eine Haltung finden, die der Natur von Werden und Vergehen entspricht. Der Tod verliert seine Bedrohlichkeit, wenn seine Notwendigkeit und seine Bedeutung für das Erlangen eines Lebens zu einer festen Ein-Sicht geworden ist.

Sterben um zu leben

Sterben birgt die Idee der Geburt in sich.

Wie immer der Mensch sein Leben gestaltet, wird er auf seinem Weg mit der Frage des Sterbens konfrontiert. Der unterschiedliche Bewußtseinsstand läßt verschiedene Antworten und Erkenntnisse zu. Realisten erkennen den Tod als das Ende ihrer Existenz, während Mystiker dazu eine differenziertere, innere Haltung haben, die im Spirituellen verankert ist. Der Tod wie auch die Geburt reichen in eine transzendentale Dimension hinein.

Die physische Existenz verläuft innerhalb der Dimensionen von Raum und Zeit und der Tod beendet dieses Erdendasein. Wann der Tod den Menschen ereilen wird, ist ungewiß. Das Sterben ist ein Ereignis, das von vielen Menschen mit mehr oder weniger Unbehagen verdrängt wird. So bleiben die wichtigen Fragen „woher komme ich“ und „wohin gehe ich nach dem Sterben“ unbeantwortet. Sehr oft erschöpfen sich Interesse und Notwendigkeit das Sterben zu hinterfragen in Oberflächlichkeiten, die in keiner Weise geeignet sind, dieses für das Leben so bedeutungsvolle Ereignis auch nur annähernd zu erhellen. Unter solchen Umständen, subjektiv empfunden, ereilt der Tod den Menschen oft im falschen Moment und am falschen Ort, unerwartet und unvorbereitet. Das Fehlen einer persönlichen Auseinandersetzung mit dem Sterben ist ein Grund, der Menschen während des Lebens beunruhigen oder gar mit Angst erfüllen kann.

Der Sterbevorgang hat zweifellos für jedes Leben eine überragende Bedeutung. Um ein gelassenes Sterben zu erfahren ist nicht nur die materielle Hinterlassenschaft zu regeln. Eine innere, geistige Auseinandersetzung mit dem Tod zu Lebzeiten, eine Vorbereitung auf dieses große Erlebnis der Wandlung aus dem Erdenleben in die geistige, transzendentale Welt, ist von größerer Bedeutung. Im

Sterbeprozeß führt der Weg des Menschen aus Befangenheiten in unbegrenzte Freiheit. Diese Freiheit ist umso intensiver und umfassender zu erahnen, je bewußter sie als Übergang und Wandlung betrachtet wird. In weiten Kreisen wird das Leben als zeitlich begrenzt zwischen Geburt und Tod, als einmalig erfahren. Wenn der Frage nach den Hintergründen des Sterbens nachgegangen wird und wenn Intuition den Erkenntnisprozeß begleitet, vermag diese Interpretation nicht der ganzen Wahrheit zu entsprechen.

Sterben kann Vorgeschichte für eine Geburt sein. Der Tod als Voraussetzung und Motiv für neues Werden im Gang der Schöpfung kann durchaus glaubwürdig erscheinen. Der Zyklus von Werden, Sein und Vergehen verläuft nicht allein auf der Ebene der materiellen und physischen Erscheinungen und keineswegs nur zeitlich und räumlich beschränkt, sondern synchron auf einer materiell-physischen wie auch auf einer geistig-seelisch-spirituellen Bahn. Dieser Lauf vollzieht sich sowohl im Universum als auch im Menschen als Mikrokosmos.

Daß nicht jedes Bewußtsein weit und offen genug ist um dies zu erkennen, ändert daran nichts. Ändern kann der Mensch aber seine Wahrnehmungsfähigkeit, die durch Meditation die Prozesse der Wandlung zu integrieren vermag. Dann bekommt das Sterben eine diesem Vorgang angemessene Bedeutung und Deutung, die über die allgemeinen Beschränkungen des Wahrnehmens hinausreichen.

Meditierende können Raum und Zeit transzendieren. Für spirituelle Menschen sind die rein existenziell-materiellen Bedingtheiten, die durch Geburt und Tod in die Welt gesetzt werden, nicht bindend. Im zyklischen Kreisen einer Existenz kann sich das geistige Prinzip, in einem wiederkehrenden Schöpfungsakt in einem Leib inkarnieren und mit der Geburt in das Erdendasein eintreten. Während des Lebens bleibt der Mensch vom Schöpfergeist beseelt. Nach dem Sterben, vom Leib befreit, kann sich die Seele in einem Zustand der Ungebundenheit in ihrem ureigenen Wesen finden.

Das Sterben bezieht den ganzen Menschen in einen Wandlungsprozeß ein. In diesem Prozeß ist das Ableben des Körpers das sichtbare, offenkundige Ereignis: der Leib stellt seine Funktionen ein, wird leblos und zerfällt in seine Elemente. Sterben ist aber auch ein geistig-spiritueller Vorgang. Die Zeit und Ruhe, deren Sterbende zur inneren Wandlung bedürfen, wird ihnen oft nicht zugestanden. Dabei ist gerade diese letzte Spanne Zeit, in der die Seele sich vom Leib trennt von besonderer Bedeutung, um die Wandlung bewußt und in Zuversicht zu vollziehen. Das Sterben ist ein Heimweg in die geistige Welt, aus der die Seele, zur Inkarnation, auf Zeit entlassen wurde. Sterben kann zur größten Erfahrung des Lebens werden, zur Erfahrung einer Wandlung, wo das Geistige über allem steht und der Seele die Freiheit der Entfaltung, ohne Bindung an den Leib ermöglicht. Sterben ist für Eingeweihte höchste Erfahrung und reine Freude in der Gewißheit, in die geistige Welt einzugehen.

Sterben ist höchste Wachheit und Wachsamkeit. Sterbende sollen auf ihrem Weg liebevoll und wohlwollend begleitet werden. Angst, Trauer und Selbstmitleid in der engsten Umgebung Sterbender erschweren und behindern den Loslösungsprozeß der Seele aus dem Leib und aus dieser Welt. Auch vermeintlich hilfreiche Maßnahmen zur künstlichen Verlängerung des Lebens können den natürlichen Verlauf der Loslösung Sterbender aus dieser Welt behindern und stören. Körper und Seele haben ihre Zeit der Loslösung, die dem Menschen mit Ehrfurcht und Zurückhaltung zugestanden werden muß, damit sein Leben im Sterben volle Erfüllung erfährt.

Des Menschen Seele als geistiges Prinzip erlischt nicht mit dem Abscheiden des Leibes, weil ihr Unsterblichkeit eignet. Dem Menschen ist Auferstehung verheißen, ein neues Leben, dessen spiritueller Anteil in den Kreislauf von Vergehen, Werden und Sein eingebunden ist. In diesem Bewußtsein ist der Tod nicht das Ende, sondern eine Phase der Existenz, die im Schöpfungsakt zu neuem Leben führen kann. Sterben hat in solcher Erkenntnis keine Tragik. Es kann Vollendung des Lebens wie auch Anlaß und Vorgeschichte zu einer Geburt in einem neuen Bewußtsein bedeuten.

Schutz

In der Meditation ist der Schutz des Höchsten erfahrbar.

Den Erhabenen kann nichts erschüttern. Die Statue des in Meditation versunkenen Buddha strahlt Spiritualität, Angstlosigkeit und Festigkeit aus. Wer im Meditationssitz dieser Qualitäten teilhaftig wird, findet sich in einer Strahlungs- und Ausstrahlungskraft, die Schutz und Schirm bedeuten, die Anfechtungen und Bedrohlichkeiten fern halten.

Des Schutzes ist der Mensch umso bedürftiger als er den Fährnissen des Alltags, den Aggressionen und Forderungen ohne bewußt erlebte Rückbindung an seinen inneren, geistigen Urgrund ausgesetzt ist. Ungewißheiten, Bedrohlichkeiten und Ängste aller Art schaffen in weiten Kreisen Verunsicherung und Schutzbedürfnis. Wirkungsvolle Hilfe ist für Verunsicherte und Geängstigte oft nicht in Sicht und ihre Lebens- und Verhaltensweisen sind meist nicht geeignet die Situation zu verbessern. In den Übungen des Yoga und in der Meditation sind äußere und innere Haltungen bekannt, die als mächtige Schutzhaltungen gelten und Schutzkräfte mobilisieren können. Sie werden von Wissenden an Lernende weitergegeben.

Eine wichtige Schutzgeste im Yoga ist das chin-mudra, das sich mit dem Lotossitz kombinieren läßt (siehe auch Kapitel „Asana, Haltung"). Diese mudra ist eine Geste, die Negatives abweist und gleichzeitig Meditierende an der schützenden Kraft des Höchsten teilhaben läßt. Je meditativer und verinnerlichter eine körperliche oder mentale Übung im Sinne von Sammlung, Konzentration, Hingabe und Versenkung vollzogen wird, umso stärker sind ihre Rückwirkungen. Lotossitz und mudra erfüllen das Bewußtsein durch ihre Symbolkraft und setzen Meditierende in Resonanz mit heilsamen, ordnenden und damit auch schützenden Kräften aus der geistigen Welt.

Wer ein spirituelles Leben führt, erfährt uneingeschränkte Geborgenheit im Höchsten. Meditation schränkt die Bedrohlichkeiten des Lebens ein, sie baut innere Sicherheit und Selbstbewußtsein auf. Meditation schafft wirksame Schutzfunktionen, die sich auf Leib und Seele auswirken. Die Bildungs- und Einbildungskräfte der Meditation aktivieren mentale Energien, die in den körperlichen und seelischen Organismus Schwingungsfrequenzen einbringen, die ihrerseits die Gesundheit und Abwehrmechanismen aufbauen. Das Ordnungsprinzip der Meditation entzieht Störungen die Bedrohlichkeit.

Dem Immunsystem wird durch Meditation, man könnte hier auch von Heilmeditation sprechen, Kraft verfügbar, die in Leib und Seele übermächtig gewordenen, krankmachenden Störschwingungen zu neutralisieren und auszulöschen. Über dieses wunderbare Ausgleichsprinzip der Bioresonanz können Meditierende die Heilwirkungen nach angemessener Übung dort aktiv werden lassen, wo sie benötigt werden. Ein in der Meditation geschultes Bewußtsein kann Ahnungen zu Wirklichkeiten wandeln und scheinbar Unmögliches möglich machen.

Ein weites und im Höchsten verankertes Bewußtsein ist eine Kraft, die dem Menschen einen optimalen Schutz bietet, den besten und sichersten Schutz dessen er bedarf und teilhaftig werden kann. In der Meditation wird eine Rückführung des Menschen zu eigenen natürlichen Quellen der Selbstheilung erreicht. Eine Selbstregulierung wird möglich, wenn Fehlhaltungen und Kleingläubigkeit abgebaut werden, die sich mit der Zeit als kränkende Faktoren in die Reglersysteme des Organismus eingeschlichen und dort festgesetzt haben. Hat der Mensch in der Meditationspraxis zu sich selbst gefunden, arbeiten auch die natürlichen Schutzmechanismen im Sinne ihrer Bestimmung.

Finden Meditierende ihre Rückbindung an das Höchste, schwindet jede Bedrohlichkeit und damit jedes Schutzbedürfnis. Das Höchste nimmt den Menschen unter seinen Schutz.

Reine Freude

Wenn das Alltägliche aufhört den Menschen zu dominieren öffnen sich Herz und Seele reiner, grenzenloser Freude.

Ich schaue den Frieden höchsten Schweigens,
der alle ergreift die wissen,
die in sich hegen das hohe, vollkommene und feste Bewußtsein,
denn die Jagd nach den Dingen dieser Welt lockt sie nicht mehr.

Ich schaue das göttliche Ganze, das nichts ausschließt,
in dem alles seinen Anfang nimmt,
ewige stille Glückseligkeit,
ruhige Frische des wahren Seins.

Ich schaue wieder und wieder das Ewige, das Sein an sich,
das als Zeugnis von allem, Ursprung von allem,
zur höchsten Reinheit der Weisheit alle führt,
die die drei Zustände hinter sich gelassen
und nicht wachen, nicht schlafen, nicht träumen.

Dich schaue ich, fleckenlose Flamme des Lichts,
das die ewige Täuschung des Manigfaltigen verscheucht,
Meer der Glückseligkeit,
das die sechs Glaubensbekenntnisse nicht zu erreichen vermögen
und dich, o Frieden, dich schaue ich,
weites Weltmeer der Freude,
Behältnis alles Lebens,
Göttertrank der Wonne,
goldstrahlendes Kleinod,
letztes Wesen der Ungeteiltheit,
die in mir, beherrschend, weilt.

Unendlicher Glanz, der mich ganz umhüllt,
in Herrlichkeit strahlende Unendlichkeit,
Freude, o Freude!

Übertragung eines Textes nach Ramana Maharshi.

Indische Gespräche mit Meistern und Eingeweihten

AUDIENZ BEIM XIV. DALAI LAMA VON TIBET

**„Du mußt ein Buddha werden.
Jeder Mensch kann den Idealen des Buddha nachleben".**

Vierzehn Tage nachdem ich um eine Audienz beim Dalai Lama nachgesucht hatte, ließ mich sein Sekretär Zeit und Datum für ein Zusammentreffen mit dem geistigen Oberhaupt der Tibeter wissen: 20. März 1969 um 14.30 Uhr genau.

Der Dalai Lama lebte schon damals im Norden Indiens in Dharamsala mit einer Kolonie von Exiltibetern, die nach Indien geflohen waren als 10 Jahre zuvor die chinesische Armee Tibet besetzte. Das Anwesen mit dem Sitz des Dalai Lama war eingezäunt und von bewaffnetem indischem Militär bewacht. Tibeterinnen waren zur Zeit meines Besuches mit der Erstellung eines Gebäudes beschäftigt, das die Residenz ergänzen sollte. Von der Residenz schweift der Blick weit nach Süden in die Täler, die den Himalaya umsäumen.

Zu jener Zeit bereiste der Dalai Lama noch kaum den Westen. Er widmete sich dem Studium und der Meditation und war eben daran seine Englischkenntnisse zu erweitern. Obschon unser Gespräch in Englisch gehalten war, legte der Dalai Lama große Zurückhaltung an den Tag. Die Unterhaltung lief stockend, bis mir einfiel, daß ich ihm Grüße von Exiltibetern aus der Schweiz zu bestellen hatte, die an meinem Wohnort Unterkunft erhalten hatten. Da strahlte sein Gesicht, er öffnete sich in seiner bekannten Herzlichkeit. Es war für mich ein großer Moment, einer so hohen Inkarnation gegenüber zu sitzen und meine Fragen stellen zu dürfen. Unmittelbar nach dem Gespräch, das, entgegen der Mitteilung, daß es auf zwanzig Minuten beschränkt sei, volle zwei Stunden dauerte, schrieb ich das Wesentliche davon auf.

Mit Begeisterung begann nun der Dalai Lama seine Erfahrungen und die Grundsätze tibetischer Meditation zu schildern, sein Antlitz, seine Augen sprühten Geist und Klarheit, als er mir in völlig unerwarteter Weise eine ganz neue und persönliche Sicht eröffnete, mit den Worten: „Du mußt ein Buddha werden". Diese Aussage ist mir tief ins Bewußtsein gedrungen, sie erschreckte und beeindruckte mich gleichermaßen und im Moment vermochte ich diese ungeheure Aufforderung weder einzuordnen noch zu verstehen. Ich, ein ganz gewöhnlicher Mensch, sollte ein Buddha werden und dies auf Aufforderung seiner Heiligkeit des Dalai Lama von Tibet, der von seinen Landsleuten als Gottmensch verehrt wird! Hätte mir das irgend jemand gesagt, wäre es ohne Bedeutung geblieben. So aber war dieser Ausspruch ein Signal für einen Suchenden auf dem Weg. Der Dalai Lama bemerkte wohl meine Verblüffung, die zu einer Pause im Gespräch führte. Er nahm sich jetzt viel Zeit und spürte, daß eingehende Erklärungen folgen mußten, die ich hier zusammenfasse.

Jeder Mensch kann den Idealen des Buddha nachleben und sie im Alltag verwirklichen. Das ist weder unmöglich noch besonders schwierig. Es ist nur eine Frage des guten Willens und der Zeit. Ein Mensch und Schüler, der von der Lehre des Buddha angesprochen ist, kann diesen Regeln folgen. Es geht darum seine eigene Persönlichkeit zu entfalten, die aus verschiedenen Anhäufungen von Eigenschaften gebildet wird. Fünf skandhas, Gruppen von Eigenschaften, sind es, welche die Persönlichkeit darstellen. Diese Gruppen von Eigenheiten des Menschen müssen zu einer Einheit gebracht werden, dann entfaltet sich der ganze Mensch.

Die Persönlichkeit des Menschen besteht aus seiner Körperlichkeit mit den Sinnen, aus Empfindungen, aus der Fähigkeit wahrzunehmen, den psychischen Wesenskräften und dem Bewußtsein. Durch das Zusammenwirken dieser Kräfte kann sich der Mensch im Leben behaupten. Das sind auch die Anlagen, die dem Buddha eigen waren und die er zu einer starken Einheit verschmolzen hat. Durch seinen Lebenswandel und durch Meditation hat er die Erleuchtung erreicht. Diese Eigenschaften können dem Menschen aber auch Hindernis in seiner Entwicklung sein. Die skandhas bewirken Anhaften und damit Gier, Neid, Mißgunst. Damit sind der Entwicklung der Persönlichkeit Hindernisse auferlegt, die zu überwinden sind. Andernfalls sind Alter, Krankheit, Tod, und Wiedergeburt die Folgen, die den Menschen zwingen an sich zu arbeiten.

Der undurchlässige, grobe Körper muß durch Übung und Meditation rein werden. Im Buddhismus sind körperliche und geistige Übungen bekannt. Meditation ist wichtig damit der Körper transparent und durchlässig wird. Die Vergeistigung des Menschen ist Vorbereitung zur Buddhaschaft, die man auch Erleuchtung nennt. Das ist das Ziel der Übungen.

Der Dalai Lama hatte zu einem Stift gegriffen und die fünf skandhas als fünf Gruppen auf ein Blatt Papier gezeichnet. Bei jedem Menschen haben dieses Eigenschaften verschiedene Ausprägung und eine Gruppe davon ist in der Regel dominant, steht im Zentrum. So führte seine Heiligkeit, der Dalai Lama von Tibet, seine Erläuterungen weiter. Das Haupthindernis in der menschlichen Entwicklung zur Buddhaschaft ist der Egoismus. Ichhaftigkeit steht der geistigen Entfaltung im Weg. Egoismus muß durch Meditation und Aufgabe persönlicher Ansprüche überwunden werden. Auch die grobsinnliche Wahrnehmung hindert den Menschen daran die Wahrheit zu erkennen. Die fünf Sinne nehmen nur die grobstofflichen Strukturen wahr und die geistige Welt bleibt verborgen. Meditation erschließt die geistige Welt, sie öffnet das Buddha-Auge, das Dritte Auge. Dann schenkte mir der Dalai Lama sein Buch mit dem Titel „The Opening of the Wisdom-Eye“ by his Holiness Tenzin Gyatsho, XIVth Dalai Lama. Diesen seinen Namen setzte er in wunderbarer Kalligraphie auf die erste Seite des Buches.

Weitere Geschenke waren das Buch „Constitution of Tibet", eine Schrift über sein Land, damals seit 10 Jahren unter die Herrschaft der Chinesen gezwungen. Ferner ein großes Blatt mit Abbildungen großer tibetischer Heiliger. Danach führte der Dalai Lama seine Erklärungen über die fünf skandhas in folgendem Sinn fort: Ein weiteres Hindernis in der menschlichen Entwicklung bildet das Denken in Gegensätzen, wie gut und böse, angenehm und unangenehm, schön und unschön. Solches Denken trennt und kann nie zur Erkenntnis der Einheit aller Wesen führen. Erst wenn das Trennende aufhört, kann das Große Eine ins Bewußtsein kommen. Meditation führt dahin.

Nach zwei Stunden war die vorgesehene Zeit der Audienz vielfach überschritten. Der Dalai Lama wollte verhindern, daß die Belehrungen zu einem abrupten Ende kämen und in Ansätzen stecken blieben. So empfahl er mich einem seiner großen Lehrer, Rato Rimpoché, einem buddhistischen Lama im Bereich der Residenz. Die Audienz beim Dalai Lama von Tibet hat sich meinem Bewußtsein als eine große Erfahrung eingeprägt.

DU MUSST EIN BUDDHA WERDEN! Übe und meditiere, um deine Begabungen zu entwickeln und deine Schwächen zu überwinden!

Rato Rimpoché

„Im Schweigen sind Praxis und Lehre für den, der versteht."

Wenn es für die Worte des Dalai Lama „du mußt ein Buddha werden" eines Nachweises bedürfte, dann war er in der Person von Rato Rimpoché erbracht. Mein Lehrer auf Zeit war einer jener Menschen, die durch Arbeit an sich selbst gewachsen sind, ein Mensch mit hohen Begabungen und ohne Makel, mit einer natürlichen und starken Ausstrahlung, die von Erleuchtung kündet. Die Zeit mit diesem großen Lama war ein überwältigendes Erlebnis, am Fuße des Himalayagebirges. Die Stunden mit Rato Rimpoché waren Stunden der inneren Einkehr und des Schweigens in einer bescheidenen Klause in einem lichten Waldstück. Die Fenster standen immer weit offen und ein OM durchzog lautlos den Wohnraum. Ein lauer Windhauch trug die Laute des Waldes, die Melodien der Singvögel, die Harmonien einer stillen Welt in den Raum, in dem wir redeten und schwiegen.

Der Meister saß unbeweglich im Lotossitz, eine Katze auf dem Schoß. Sehr oft wortlos, war er dennoch sehr präsent mit offenem, strahlendem Antlitz, mir zugewandt in einer Belehrung ohne Worte. Der ganze Mensch war harmonische Einheit, durch Übung, Meditation und Askese geprägt, Abbild dessen, was die Worte des Dalai Lama ausdrücken wollten, die lebendige Lehre in Person! Rato Rimpoché war von auserlesener Liebenswürdigkeit und Zuvorkommenheit in der Beantwortung meiner Fragen, die allmählich versiegten. Der Kern der Lehre, die mir der Lama zukommen lassen wollte, lag im Schweigen, einem Schweigen, das in seiner tiefen Aussagekraft und damit auch in der Meditation von größter Bedeutung ist.

Ein Besuch in einem nahegelegenen buddhistischen Kloster führte mir die gelebte Lehre des Buddha vor Augen. Das Leben dieser durchgeistigten Lamas in einer selbstgewählten Abgeschiedenheit, war ein von innen heraus gestaltetes Leben in echter Menschlichkeit, ein Leben in Harmonie, Selbstbescheidung und Selbstverwirklichung in den Idealen einer vollkommenen Lehre des Vollkommenen, des Buddha. Hier war der Alltag Meditation.

Rato Rimpoché führte mich in die Werkstätten unweit der Residenz, wo prachtvolle, tibetische Teppiche gefertigt wurden. Die handgewaschene Schurwolle der Hochlandschafe wird gekardet, gesponnen und dann auf eine Haspel gewickelt. Die Wollstränge werden mit Naturfarben eingefärbt und stehen nun zur weiteren Verarbeitung zur Verfügung. Die Wollfäden werden senkrechtverlaufend zwischen Kettbaum und Warenbaum des Hochwebstuhls gespannt und das Breitenmaß der Teppiche bestimmt.

Hier erlebte ich wiederum die tätige Realität dessen, was der Dalai Lama gesagt hatte: Menschen bei meditativer Arbeit und der Verwirklichung ihrer Begabungen. Die Eindrücke in dieser Handweberei waren überwältigend. Eine schräg einfallende Sonne ließ jeden der einzelnen, eng stehenden Kettfäden aufleuchten zu einer Harfe ohne Klänge. Die tibetischen Frauen legten mit einem leisen „OM mani padme hum“ die Fäden des Schusses ein, jeder Millimeter des Gewebes ein andächtiges Gebet! Hier war Arbeit Harmonie mit sich und der Welt. In religiöser aber auch weltlicher Hingabe an das Werk entstehen in dieser konzentrativen Ruhe herrliche Kunstwerke, die vom Reichtum menschlicher Gestaltungskraft zeugen.

Ich wurde auch in die Bibliothek des Dalai Lama geführt, einen mächtigen Raum, der ein spirituelles Fluidum ausstrahlte. Auf zahllosen Gestellen stapelten sich tibetische Originalschriften, in gelbe Tücher eingeschlagene Blätter. Längs der Regale reihten sich Buddhastatuen aller Größen, die dem Raum zusätzlich eine überirdische Strahlungskraft verliehen.

Für die in der Kolonie lebenden Tibeter war dies der Alltag, ein Alltag in meditativer Arbeit, in Gebet und Meditation. Für mich war es eine Lehrzeit in guten Händen und unter einem guten Stern, Anlaß zu Besinnung und innerer Einkehr.

Swami Rama

„Wenn du in Europa zurück bist, mußt du den ursprünglichen Yoga verbreiten."

Swami Nityananda Saraswati hat mir die Bekanntschaft mit Swami Rama vermittelt. Er soll damals einer der größten yogi Indiens gewesen sein. Später gründete er in den USA ein Yogazentrum. Am 4. April 1969 kam ich an seinem Wohnort in Kanpur an.

Es sollten Tage großer Erfahrungen werden. Es muß Swami Rama viel daran gelegen gewesen sein, mich in ungewöhnlich tiefgründiger Weise an den traditionellen Yoga heranzuführen. Er lieferte mir in diesem Sinne ausführliche Informationen und praktische Demonstrationen. Mit Zeichnungen und schriftlichen Hinweisen in seiner schwungvollen Handschrift vermittelte er mir in kurzer Zeit Bedeutungsvolles, das in meinem Bewußtsein weiterlebt.

Obschon es unüblich und auch nicht angezeigt ist, Neugierigen sogenannte übernatürliche Fähigkeiten vorzuführen, wollte mir Swami Rama solche nachweisen, um mich voll davon zu überzeugen. Er gab mir auf diesem Weg einen Zugang zum Yoga, der ungewöhnlich ist. Um zu beweisen, daß geistige Kräfte körperliches Geschehen beeinflussen, ja beherrschen können, daß also der Geist über der Materie steht, führte mir Swami Rama ein Experiment vor. Er setzte sich in einen Lotossitz und empfahl mir, seine Füße, die mit den Fußsohlen nach oben, auf den Oberschenkeln ruhten, zu beobachten. Es war zu erkennen, daß er seine Sinne von der Außenwelt abzog und sich intensiv verinnerlichte. Nach einer Minute begann der linke Fuß seine Farbe von rot zu weiß zu wechseln, wogegen der rechte Fuß tief rot wurde. Diese Veränderung in der Blutzufuhr in den beiden Füßen war auf eine innere Lenkung von Energie zurückzuführen, die Blutversorgung der Extremitäten unterlag einer geistigen Beeinflussung.

Das nächste Experiment war ein sogenannt telepathisches, das geeignet war nachzuweisen, daß den Gedanken weder räumliche noch zeitliche Grenzen gesetzt sind und daß ein geschultes Bewußtsein transzendental ist. Was mir Swami Rama in Kanpur in Indien mitteilte, bezog sich auf meinen damaligen Wohnort im Engadin auf 1700 Metern Höhe über dem Meer. Es war ein Karfreitag. Ich wollte wissen, ob zuhause alles in Ordnung wäre. Swami Rama antwortete auf die Frage sofort, daß dies der Fall sei und daß hinter dem Hause eine Person einen Besen gebrauche. Nach meiner Heimkehr konnte ich bestätigt finden, daß am Karfreitag Schnee gefallen war und daß dieser mit Hilfe eines Besens vor der Haustüre entfernt wurde.

Die dritte Demonstration mentaler Kräfte war eine Erfahrung, die mich berührte und die ich verarbeiten mußte. Während der ganzen beschwerlichen Reise durch Indien, stellte sich mir immer wieder die Frage nach deren Sinn und ob dahinter irgendeine Aufgabe stünde. Swami Rama schien mir nun unerwartet eine Antwort zu geben. Er erklärte sich bereit, mir auf eine wichtige Frage, die mich bewege, zu antworten. Er hieß mich hinter ihm am Boden Platz zu nehmen und die Frage auf ein Blatt Papier niederzuschreiben. Demonstrativ band er sich ein Tuch um den Kopf, sodaß er nicht sehen konnte, was ich aufschrieb. Das Blatt mit meiner Frage lag hinter Swami Rama. Die Frage lautete:" Was ist meine Aufgabe in Indien?" Im selben Augenblick ging es wie ein Stromstoß durch den Meister, seine Wirbelsäule richtete sich mit einem sichtlichen Ruck kerzengerade auf. Dann kam die Antwort mit völlig veränderter, hohler Stimme, wie aus einer anderen Welt : "Du suchst noch in verschiedenen Richtungen und bist wenig auf das Ziel ausgerichtet. Viel Kraft wird vergeudet. Es gibt nur einen Weg. Du bist nicht zum ersten Mal in Indien. In einem früheren Leben hast du viel Yoga betrieben. Darum ist er dir vertraut. Wenn du in Europa zurück bist, mußt du den ursprünglichen Yoga verbreiten." Ein starker Ruck durchfuhr den swami. Er saß vor mir, wie vorher. Zu meiner großen Verblüffung fragte er mich nach dem eben Vorgefallenen.

Das nachfolgende Gespräch führte mich in eine bis dahin völlig unbewußte Vergangenheit mit sehr genauen Angaben und Beschreibungen einer Existenz in Indien, die an der Hellsichtigkeit des swami keine Zweifel offen ließ. Ich hatte mich einige Wochen zuvor mit Träumen befaßt, die deutliche Ähnlichkeiten mit den Ausführungen von Swami Rama aufwiesen. Im Traum hatte ich „gesehen", was Rama in meiner Vergangenheit nun sah und beschrieb: Teile und Episoden aus einem früheren Leben in Indien! So hatte ich nun Antwort auf wichtige Fragen erhalten, Antworten und Aufgaben, die mich bis heute beschäftigen und die mein Leben beeinflussen. Meine Indienreise trägt Früchte ohne Unterlaß und meine Aufgaben wandeln sich innerhalb eines Rahmens, den mir Weise auf meiner Reise durch Indien gesetzt haben.

Swami Rama ist ein Eingeweihter, der sich auf dem Boden der Wirklichkeit bewegt, der sich aus einer realen Basis in die Höhen des Transzendentalen erhoben hat, ein Mensch, im Alltag niedergelassen und im Geist aus der Befangenheit von Raum und Zeit durch Übung herausgewachsen! Das hat mich sehr beeindruckt an dieser Persönlichkeit: Nähe zu den Wirklichkeiten des Alltags und Nähe zur Transzendenz!

Swami Rama übt und meditiert nach den Grundsätzen des Patanjali, nach dem Achtfachen Pfad. Im Zusammenhang mit dem Hatha-Yoga empfiehlt er die klassischen Haltungen und gelenkte Atmung. Wer den Hatha-Yoga beherrscht, kann gemäß Swami Rama zum Raja-Yoga übergehen. Korrektes Sitzen ist Voraussetzung zur Meditation, wobei der Lotossitz die Krönung einer perfekten Haltung darstellt und den Zugang zur Meditation erschließt. Meditation ist nach Swami Rama etwas Besonderes, sie ist weder Konzentration noch Kontemplation, die Vorstufen und Hinführung zur Meditation sind.

Mit Swami Rama habe ich anläßlich meines Aufenthaltes in Kanpur täglich während brahma muhurta, zwischen vier und sechs Uhr morgens, meditiert. Es hat sich in dieser Zeit ein unermeßlicher Reichtum offenbart. Mehr darüber habe ich im Kapitel „Meditation mit Swami Rama geschrieben".

Maharishi Mahesh Yogi

„Meditation ist sehr einfach, viel einfacher als du es dir vorstellst."

Am 30. März 1969 sprach ich mit Maharishi Mahesh Yogi über seine Transzendentale Meditation. Nach einem Fußmarsch von 45 Minuten flußabwärts, traf ich am Ufer des Ganges auf eine Bungalow-Siedlung, die der Maharishi für seine Anhänger und Schüler hatte bauen lassen. Von einer baumbestandenen Anhöhe schweift der Blick auf den Ganges.

Ein gepflegter Garten umfaßt das Hauptgebäude für den Empfang der Gäste des yogi. Eine großzügige Halle ringsum mit Fenstern eingefaßt, wird von einem frischen Abendwind und sehr viel Licht durchflutet. Mit etwa 20 weiteren Besuchern nehme ich auf dem Boden Platz. Wir warten etwa eine Stunde lang auf den Meister. Blumen leuchten in allen Farben im Raum, der Ruhe und Kraft ausstrahlt.

Plötzlich schwirrt aus nächster Nähe helles Lachen an mein Ohr. Englische und einheimische Wortfetzen fliegen in den Raum. Der Meister hat seinen Auftritt im Kreise von etwa zehn Gefolgsleuten, einen theatralischen Auftritt! Ein Gruß streift die Anwesenden wohlwollend. Wir grüßen mit dem indischen Gruß, den vor der Brust gefalteten Händen, zurück: namaskar. Der Meister! Was für ein Leben in diesen funkelnden, dunkeln Augen. Was für ein Witz auf dieser hohen, glatten Stirn! Was für ein offenes Antlitz, umrahmt von dunklem Haar und einem Bart mit einer auffallenden weißen Strähne in der Mitte! Welche Kraft strömt aus dieser zierlichen Gestalt, die Achtung gebietet und durch ihre Selbstverständlichkeit der Erscheinung imponiert! Dieser Mensch besteht aus lauter Akzenten in seiner äußeren Gestalt, vielsagende und vieldeutige Akzente eines unergründlichen Menschenwesens, dessen Bewußtsein fraglos im Hier und Dort verankert ist. Der Meister hat sich auf seinem erhöhten, mit Kissen ausgepolsterten Platz im halben Lotossitz niedergelassen und nun breitet sich tiefes Schweigen über sein Wesen aus, das im Raum geradezu phsyisch spürbar wird. Beeindruckend! Schweigen, Erwartung, Frieden erfüllen den Raum, ein echtes Erlebnis einer allesdurchdringenden Stille, durchsetzt nur von den Geräuschen der Natur. Und dann bricht aus des Meisters Wesen mit aller Macht ein mantram hervor. Klangvolle, starke, rhythmische, symbolträchtige Silben, Ursilben aus dem Unbewußten, mit Bewußtsein formuliert und vom Menschen vokalisiert. Mantram aus dem Schweigen in das Schweigen. Großes Erleben einer angerührten Seele und eines geweckten Bewußtseins.

Die mantrischen Schwingungen sind, ohne ein Gespräch, Antwort auf wesentliche Fragen. Kein banales Wort scheint neben diesem mantram als Aussage für Sensibilisierte mehr Platz und Rechtfertigung zu haben. Dem mantram folgt Innenschau, Meditation. Das mantram spinnt den Faden zwischen Alltag und Unendlichkeit.

Wißbegierige wollen nun mehr erfahren, dazu sind sie hergekommen. So beginnt nun das Frage- und Antwortspiel, das Kopflastigen Erkenntnisse vermitteln soll. Banale und gescheite Fragen werden vom Meister mit großer Treffsicherheit, in äußerster Knappheit und kristallklarer Sachkenntnis beantwortet. Maharishi Mahesh Yogi durchschaut die Fragenden mit offenem Blick und scheint die Fragen zu wissen, bevor sie gestellt sind. Selbstverständlich weiß und erkennt er alles spontan und ohne großes Nachdenken. Er ist intuitiv, hellsichtig. Mit großer Geduld kommen seine weisen Antworten, er zeigt sich hilfsbereit und gütig, liebevoll und unbekümmert. Lachend schafft er eine herzliche, lehrreiche Atmosphäre.

Zu meinem Wohlgefallen entfernen sich nun die Fragenden. Mir wird das Privileg zuteil mit dem großen Meister von Angesicht zu Angesicht allein zu sein. Stille. Es ist als ob alles gesagt wäre von Bewußtsein zu Bewußtsein. Und doch sind mir als Suchendem Fragen über die Meditation auf den Lippen. Meine Fragen erübrigen sich, der Meister weiß sie und spricht: „Tiefenmeditation bedeutet schrittweises Ausschalten jeden Denkvorganges. So kommt die geistige Tätigkeit zur Ruhe. Die Bewegungen des Intellektes und die mentalen Prozesse werden allmählich ausgeschaltet. Geist und Seele werden frei.

Dieser Prozeß endet in der Verbindung des individuellen Bewußtseins mit dem Transzendentalen. Das ist das Prinzip der Transzendentalen Meditation. Wir haben verlernt in uns hineinzumeditieren und das werden zu lassen, was wir ursprünglich sind. Dauernde Anspannung im Denken und in der Arbeit, Kümmernisse und vielseitige Ablenkungen ziehen den Geist vom Wesentlichen ab. Wir müssen uns daran gewöhnen, unser Bewußtsein von Zwang und falschen Vorstellungen zu befreien. Nur dann kann der Mensch zu jenen Höhen aufsteigen, zu denen er berufen ist. Meditation ist sehr, sehr einfach, viel einfacher als du es dir vorstellst."

Frage: *„Was heißt einfach?"*

Yogi: „Ein Beispiel. Ein Glas trübes, aufgewühltes Wasser, so aufgewühlt, wie unser Bewußtsein. Dieses Glas Wasser ist nicht transparent, nicht klar, wie unser Bewußtsein auch nicht. Das Trübe muß rein werden, dann wird es stufenweise transparenter. Wenn es für das Licht durchlässig ist, wird das Bewußtsein bereit für die Erleuchtung. Diese stellt sich ein, wenn wir durch Meditation wirklich geläutert, die Strahlung des Lichtes aufnehmen und nicht mehr zurückwerfen. Dann ist das Licht in unsere Persönlichkeit integriert."

Frage: *„Welche Stufen sind zu durchlaufen, um zur Erleuchtung zu kommen?"*

Yogi: „Der Mensch muß sich in Denken und Handeln durch verschiedene Stufen entwickeln und in falsches Handeln Licht bringen. Selbstverwirklichung verlangt ein natürliches Leben im Sinne eines individuellen Lebensplanes und praktisches Handeln im Alltag. Transzendentale Meditation ist eine praktische Lebenslehre und Lebenshilfe."

Frage: *„Ist es richtig, wenn man die Meditation durch Atmungsübungen unterstützt?"*

Yogi: „Es ist nicht nötig, die Meditation durch Atmung zu unterstützen. Pranayama reguliert sich von selbst, wenn wir richtig meditieren. Unser ganzes Nervensystem ändert sich automatisch. Die Nervenstränge werden durchlässiger und gereinigt. Meditation umfaßt den ganzen Menschen, macht ihn stärker und gesünder. Er muß lernen wieder so zu sein, wie er geschaffen wurde und sich nicht selbst im Wege zu stehen. Sorgen, falsches Denken und falsches Tun machen den Menschen klein und ängstlich, wobei er doch zu Großem geboren ist. Diese Hindernisse müssen durch Meditation beseitigt werden, damit sich der Mensch wieder seinem transzendentalen Ursprung nähern kann."

Frage: *„Wie ist dies möglich."*

Yogi: „Der Intellekt knechtet uns andauernd. Die Tätigkeit des Denkens muß durch Meditation eingeschränkt werden. Dabei darf kein Zwang ausgeübt werden etwa durch Konzentrationsübungen. Man wird vorerst innerlich ganz ruhig und schaltet immer mehr ab. Schlußendlich kommt man völlig zur Ruhe, ohne Anstrengung, nur durch Abschalten. Angst, Unfähigkeit, Hemmungen und Schwierigkeiten lösen sich so auf. Unser Bewußtsein kommt in einen überbewußten Zustand und wird von oben angenommen. Meditierende wandeln sich, werden freier und ihr Alltag wird freundlicher.

Wie du siehst, Meditation ist sehr einfach, wirklich einfach, keine Gedankenakrobatik. Meditieren heißt einfach SEIN, lernen wieder zu SEIN, so wie man ursprünglich war, teilhaftig aller Urkräfte, wie sie uns von der Schöpfung her zugedacht sind. Das ist Transzendentale Meditation.

Und nun gehe hin und meditiere!"

Guru Swami Nityananda Saraswati

„Es ist ein großes Privileg eine menschliche Geburt zu erlangen."

Über die Begegnung mit Swami Nityananda Saraswati habe ich im Kapitel „Hinführung" berichtet. Diese Begegnung weist die Merkmale des Spontanen, Ungesuchten und Schicksalhaften auf. So findet der guru seinen Schüler, einen Suchenden und Übenden. Während der Zeit, die ich in seinem kutir in Ramnagar verbrachte, stellte ich, als promovierter Pädagoge und Psychologe, die großen Unterschiede fest, wie ein indischer guru lehrt und wie man in Europa lehrt. Ein guru vermittelt nicht in erster Linie Wissen, sondern spirituelle Erfahrung. Aufgrund genauer Kenntnis seines Schülers formt ein geistiger Lehrer das innere Wesen, den Charakter und die moralischen Qualitäten seines Schülers. Auch lehrt der guru nicht mit mehr oder weniger überzeugenden Argumenten, die vor allem den Intellekt ansprechen, sondern über praktisches Leben und Erleben im Alltag. Er formt das Emotionale und nicht das Rationale.

So war denn der Alltag im kutir Lehre und Vorbild, das der guru von morgens bis abends vorlebte. Gelebt wurden Qualitäten des Verhaltens, Hingabe an Gott, Mensch und Arbeit. Alle Handreichungen waren von meditativer Ruhe begleitet und darauf ausgerichtet, perfekt und als Dienst am Nächsten ausgeführt zu werden. Die täglichen Aufgaben wurden nicht nach besonderen Vorlieben oder Begabungen, vielmehr durch das ganze Spektrum wechselnd, zugewiesen. So galt es am Ganges mit einem Krug den Tagesbedarf an Trinkwasser zu holen, mit einem Behälter gegen Mittag die einzige, tägliche Mahlzeit in der Gemeinschaftsküche zu beziehen, das Essen auf Palmblättern herzurichten, zu würzen, zu teilen und zu reichen oder Klause und Vorplatz mit einem, aus Reisig selbst gebundenen Besen, zu säubern. Die alltäglichen Verrichtungen in

Demut und Hingabe getan, bilden den Rahmen einer Lebenslehre.

Auf dieser Basis entwickelt sich Spiritualität. Das innere Wesen des Schülers wird durch Andeutungen und Gleichnisse geformt, nicht etwa mit vielen Worten und in langen Gesprächen. Fragen werden selten direkt beantwortet, wie es bei der Kopflastigkeit und dem überlegenen Wissen westlicher Lehrer dem Schüler gegenüber oft üblich ist. Der guru pflegt sehr oft auf Fragen mit Schweigen zu antworten. Er läßt Zeit, damit sich der Schüler mit der Frage allein findet und auseinandersetzt. Dann ist Gewähr geboten, daß der Schüler tief innerlich erfährt und versteht. Meditation und meditativ gelebter Alltag lassen den Schüler erfahren, daß der größte Reichtum, den es zu entdecken gilt, in ihm selbst liegt.

Diesen Reichtum bewußt zu machen, stellte sich mein guru zur Aufgabe, nachdem er mich am Ufer des Ganges angesprochen und anschließend als Schüler aufgenommen hatte. Seine Lehre war einfach und eindrücklich. Sie erfüllt mein Bewußtsein nach Jahrzehnten wie am ersten Tag. Die spirituelle Verbindung zwischen guru und Schüler wurde am Ganges geknüpft und bekam durch die Einweihung mit einem mantram eine Tragfähigkeit und Reichweite ohne Grenzen. Dem guru sei Dank für die Initiation. Sie hat das Bewußtsein offen und bereit gemacht um aus der Quelle der Meditation Erkenntnisse zu schöpfen, die den inneren, spirituellen Weg kennzeichnen und säumen.

Swami Nityananda Saraswati hat das Wort:

„Es ist ein großes Privileg, eine menschliche Geburt zu erlangen."

„Es gibt nichts Wichtiges, das du außerhalb von dir suchen und finden könntest."

„Sei einfach und alles wird einfach werden. Du brauchst nichts zu machen und keine Wünsche zur Änderung deiner Verhältnisse zu haben. Nimm was kommt, es wird richtig sein."

„Es ist ein großer Irrtum zu glauben, daß das Göttliche und ich selbst verschieden wären. Wir müssen den Schleier der Täuschung zerreißen, der uns das glauben macht.“

„Ein armer Holzfäller begegnete einem Weisen. Der Holzfäller klagte, wie arm er wäre. Der Weise antwortete, daß er alles habe, was er brauche, denn unter seinem Schlafplatz liege ein Schatz begraben. Der arme Holzfäller hob den Schatz auf dem er so lange unwissend geschlafen hatte. Genauso ist es mit dem Göttlichen. Wir suchen zu weit, anstatt es in uns selbst zu verwirklichen.“

Zum Schluß

Viele Worte säumen den Weg und können doch das Unsagbare nicht sagbar machen. Die Weisen haben erkannt, daß alles Große einfach ist und wollen es uns persönlich erfahren lassen, wenn sie uns raten:

„*UND NUN GEHE HIN UND MEDITIERE!*“

Anhang

Muladhara-chakra

Svadhishthana-chakra

Manipura-chakra

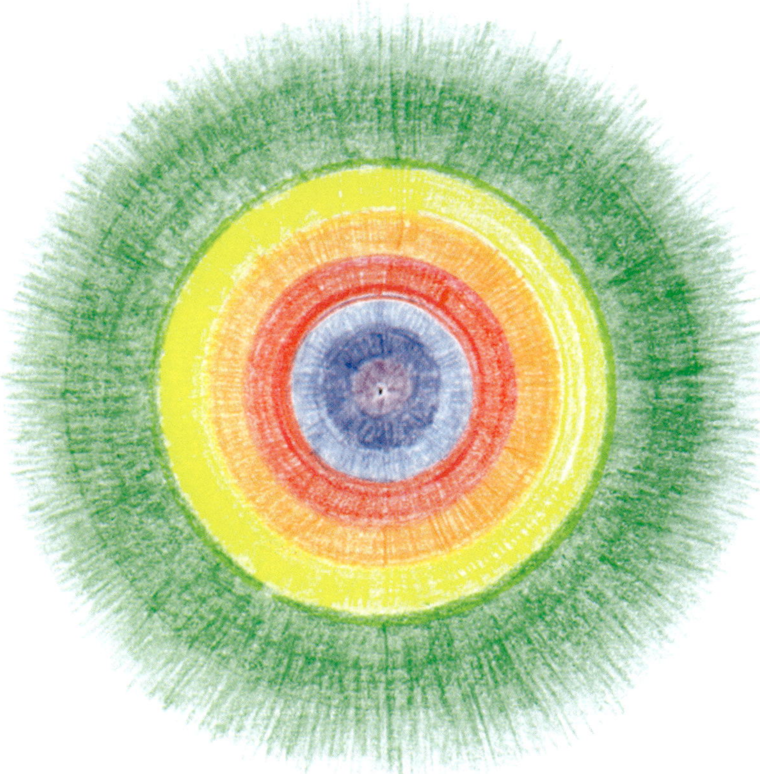

Anahata-chakra

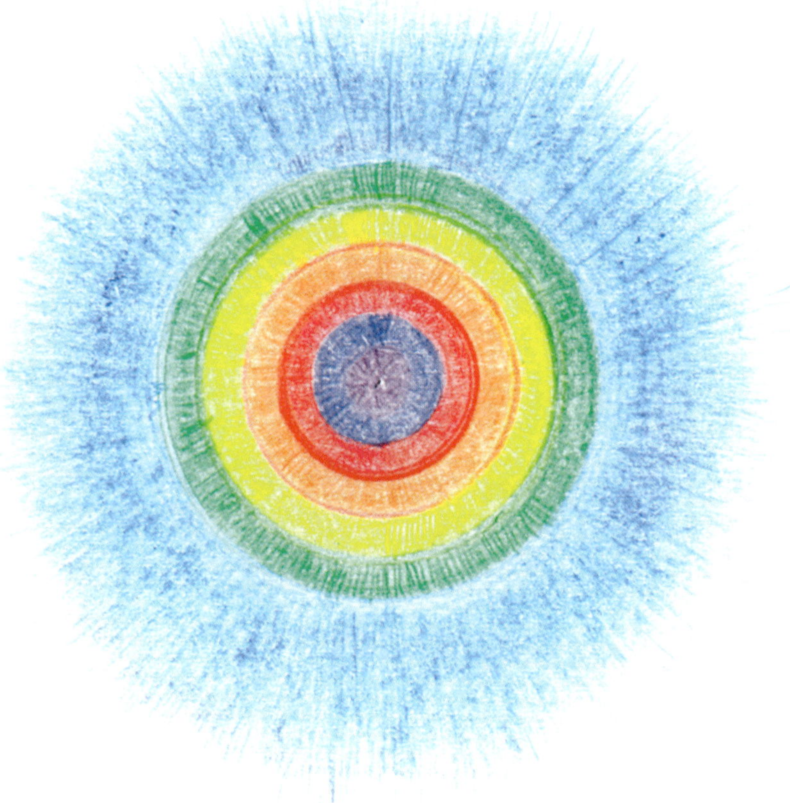

Vishuddha-chakra

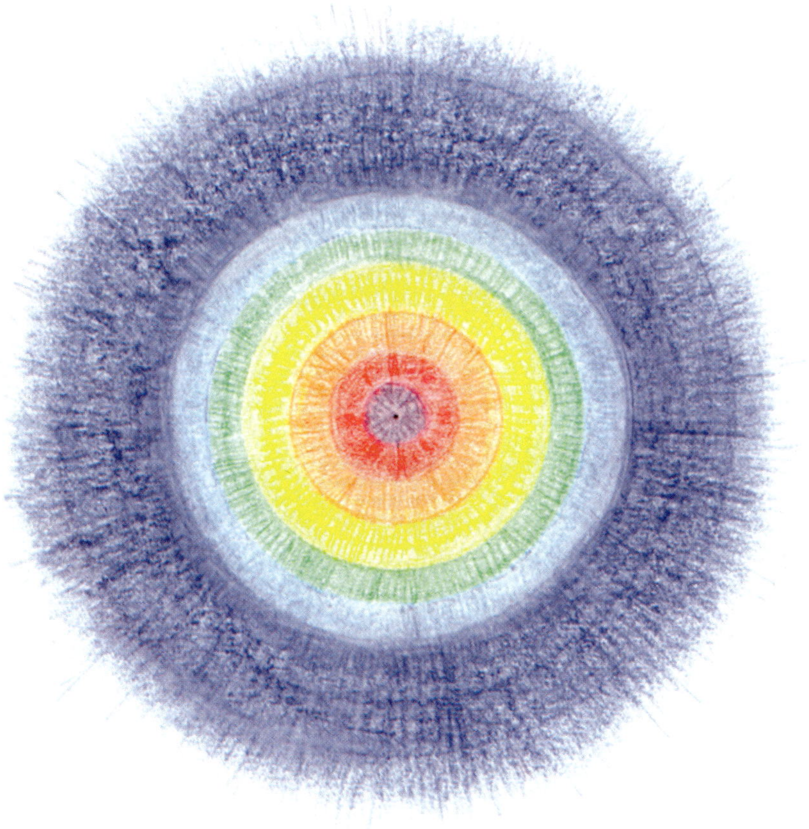

Ajna-chakra

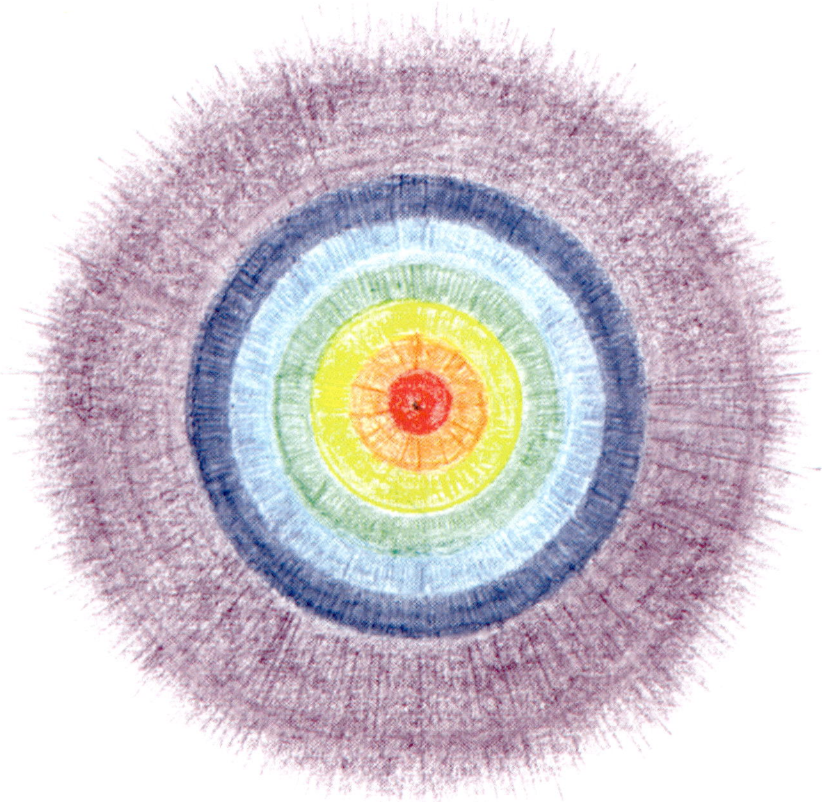

Sahasrara-chakra

Schematische Darstellung

Schematische, ungefähre Darstellung des Verhältnisses der Wellenlängen der Spektralfarben zueinander mit Zuordnung von Edelsteinen zu den chakras.

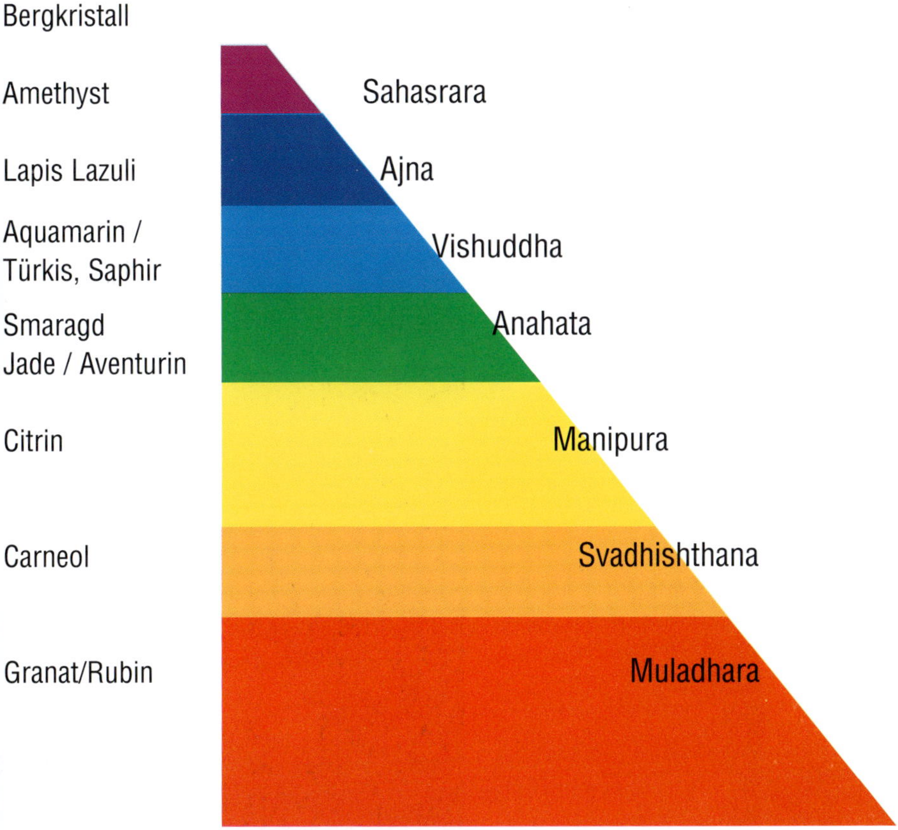

Die Zuordnungen der Edelsteine zu den chakras habe ich dem Buch von Gunther Vorreiter: „Die Heilenergie der Edelsteine" entnommen. Das Buch ist ebenfalls im Deutschen Spurbuchverlag erschienen.

Swami Rama
„Wenn du in Europa zurück bist, mußt du den ursprünglichen Yoga verbreiten."

Rato Rimpoché

„Im Schweigen sind Praxis und Lehre für den, der versteht."

oben:
Swami
Satchidananda

Guru Swami Nityananda
Saraswati

„Es ist ein großes Privileg eine menschliche Geburt zu erlangen."

Erklärungen zu den Sanskrit-Worten

asana	- Sitzhaltung für die Meditation, Körperhaltung des Hatha-Yoga
atman	- das wirkliche, unsterbliche SELBST des Menschen
avatar	- Inkarnation des göttlichen Bewußtseins auf Erden
Brahman	- das ewige, unvergängliche Absolute
chakra	- Zentrum feinstofflicher Energie
chin-mudra	- Handgeste als Symbol der Weisheit
dharana	- Konzentration
dhyana	- Meditation
guru	- geistiger Lehrer, spiritueller Meister
karma	- Tat; Konsequenz von Handlungen, Kette von Ursache und Wirkung
kosha	- Hülle, Überdeckung des wahren SELBST
kundalini	- „Schlange", „die Zusammengerollte", spirituelle Kraft
mala	- Kette zur Rezitation des mantram
mandala	- Diagramm, Symbole kosmischer Kräfte, Meditationshilfe
mantram	- kraftwirkende Folge von Silben für die Meditation
maya	- Täuschung, Schein, Illusion
mudra	- Körper- oder Handgeste mit symbolischem Gehalt und Ausdruck
nadi	- Energieleitbahn für prana
niyama	- ethische Verhaltensgebote, Selbstbeschränkung
OM	- Urlaut, Symbol des Höchsten als Klang und Schriftzeichen
prana	- alles wirkende, schaffende und auflösende universelle Energie
pranayama	- Atemübungen des Hatha-Yoga; Lenken, Beherrrschen des prana
pratyahara	- Abschalten der Sinnestätigkeit
shakti	- weibliche Schöpfungskraft, personifiziert als Gemahlin shivas
shiva	- Personifizierung des Höchsten, oft gleichgesetzt mit Brahman
samadhi	- Eingehen des persönlichen in das universelle Bewußtsein
sushumna	- Hauptenergieleitbahn im Bereich der Wirbelsäule
yama	- ethische Verhaltensgebote, Selbstbeherrschung
yang und yin	- das schöpferische, lichthafte und das empfangende, ruhende Prinzip in der chinesischen Philosphie
yantra	- mystisches Diagramm als Meditationshilfe
yoga	- Philosophie und Übungspraxis zur Erlangung transzendentaler, geistiger Erkenntnisse, zur Anjochung an das Höchste
yoga und yogini	- männliche und weibliche Praktizierende des yoga

Zur Aussprache

ch	sprich	tsch
j	sprich	dsch
y	sprich	j
v	sprich	w
sh	sprich	sch

Frei für Ihre Notizen

Weitere interessante Bücher aus dem Deutschen Spurbuchverlag

Aktiv und gesund durch die magischen Qigong-Kugeln

Dieses Buch ist als sorgfältige, umfassende und doch knappe Einführung in die Thematik der chinesischen Qigong-Kugeln gedacht. Immer mehr Menschen entdecken den eigenartigen Reiz dieser magischen Heilkugeln. Was können sie bewirken? Wie setzt man sie wirkungsvoll ein? Höting erläutert nicht nur die Geschichte der chinesischen Qigong-Kugeln, sondern erklärt ausführlich die Übungsziele und Wirkungsweisen.

Höting, Hans: **Aktiv und gesund durch die magischen Qigong-Kugeln aus China.**
Zahlreiche schwarz- weiß Zeichnungen, 48 Seiten, ISBN 3-88778-182-1.

Lachen als Medizin

Lachen ist so wichtig!
Lachen wälzt die Steine von der Seele und läßt uns wieder atmen. Lachen ist die sichtbargemachte Fröhlichkeit des Herzens. Lachen ist gleichzeitig auch die beste Medizin. Erfolgsautor Hans Höting beschreibt nicht nur heitere Anekdoten aus seinem Praxisalltag. Gleichzeitig gibt er auch einen Funken Hoffnung weiter, daß es mit Humor letztendlich besser geht.

Höting, Hans: **Lachen als Medizin.** Besinnliches und Heiteres aus der Naturheilpraxis. Mit lustigen Zeichnungen von Heinz Zentner, 72 Seiten, ISBN 3-88778-190-2.

Die Heilkraft der Gedanken

Gedanken sind eine gewaltige Macht und können uns helfen auf dem Pfad zum Glücklichsein. Unser Inneres schafft die Voraussetzungen für unsere äußeren Lebensbedingungen. In diesem Buch werden die Möglichkeiten der Selbstheilung aus eigener Geisteskraft angesprochen - theoretisch und anhand praktischer Übungen. Die Übungen dienen dazu, die eigene geistige Heilkraft zu nutzen, um die Gesundheit zu erhalten oder sie in kranken Tagen wieder zu erreichen. Das Buch verhilft dem Leser zu einer positiven Lebenseinstellung und eröffnet dadurch neue Perspektiven. Die humorvolle und anschauliche Sprache des Autors machen das Buch zum Lesevergnügen.

Höting, Hans: **Die Heilkraft der Gedanken.** Kartoniert, 232 Seiten, ISBN 3-88778-194-5.

Die Heilenergie der Edelsteine

Die Faszination, die von edlen Steinen ausgeht, ist seit Jahrtausenden ungebrochen. Sie waren schon immer ein Zeichen für Unvergänglichkeit, Träger geheimer Kräfte und Symbole. Der Autor gibt Antworten und präzise Anwendungsanleitungen. Die 39 bekanntesten Edelsteine werden anhand ihrer wichtigen mineralogischen Klassifizierungsmerkmale vorgestellt. Die Steine wurden bezüglich ihrer möglichen Heilwirkung mit Hilfe der "Resonanzmeßmethode" untersucht. Die ermittelten Anwendungsbereiche sind aufgelistet.

Vorreiter, Gunther: **Die Heilenergie der Edelsteine.** Versuch einer naturwissenschaftlichen Deutung und Untersuchung. Vierfarbige Fotos, kartoniert, 192 Seiten, ISBN 3-88778-192-9.

Die Heilkraft der Meditation

Eine praktische Anleitung zum richtigen Erlernen meditativer Übungen. Das Buch zeigt die wichtigsten Hilfen in der Meditationspraxis und ist für Einsteiger konzipiert, die die häufigsten Fehler vermeiden möchten. Die gewählte Art der Meditation geht auf die Lehre des berühmten Gautama Buddha (um 560 bis 480 v.Chr.) zurück. Das schon damals im Prinzip genauso angewandte Verfahren wurde auch durch die neuesten wissenschaftlichen Erkenntnisse unserer Zeit noch nicht eingeholt.

Nägele, Horst: **Die Heilkraft der Meditation.**
72 Seiten, ISBN 3-88778-193-7.

Die Heilkraft der Massage

Die Yoga Sikichai Gesundheitsmassage ist in Indien zu Hause, wo sie der Autor kennen und schätzen gelernt und die einzelnen Handgriffe aufgezeichnet hat, wie sie ihm vermittelt wurden. Allgemein verständlich werden mit den dokumentarischen Aufzeichnungen eines alten Wissens aus erster Hand Fingerzeige gegeben, die sich der erfahrene Praktiker, wie der interessierte Laie zu nutze machen können.

Nägele, Horst: **Die Heilkraft der Massage.**
52 Seiten, ISBN 3-88778-191-0.

Baden-Powell - ein Familienalbum

Nicht überall kennt man den Gründer der Pfadfinderbewegung. Trotzdem hat er bis heute durch seine Ideen und sein Lebendswerk Millionen von Menschen beeinflußt.
Seine Lebensgeschichte gibt einen einmaligen Einblick in das Familienleben Robert Baden-Powells, den nur seine älteste Tochter Heather liefern kann. Bipi war nicht nur ein genialer Pädagoge, sondern auch ein liebenswerter Familienvater. Dieser un-

mittelbare Einblick ermöglicht auch ein besseres Verständnis der Pfadfinderidee.
Mit unveröffentlichtem Bildmaterial.

Baden-Powell, Heather: **Ein Familienalbum.** Format 25 x 22 cm, 160 Seiten mit über 120 Fotografien. Leineneinband und Schutzumschlag, ISBN 3-88778-176-X.

Die letzten Wandervögel

Das Buch beschreibt die Geschichte eines Jungenbundes, des Nerother Wandervogels, von den Ursprüngen bis in die heutige Zeit. Der Gedanke gemeinsam eine Jugendburg zu bauen, die Schwierigkeiten und Hindernisse, die gemeinsamen Welt-Fahrten und Abenteuer, das gemeinsame Singen ... Spannend und abenteuerlich bis zur letzten Seite.

Nehrom: Die letzten Wandervögel. Geschichte einer Jugendbewegung. Format 18 x 25,5 cm, 208 Seiten mit rund 200 Fotografien. ISBN 3-88778-197-X.

Entwicklungen

„Entwicklungen" skizziert das Großfahrten-Milieu der Nachkriegs-Jungenschaft aus der Sicht eines Beteiligten, der von 1948-52 die Horte Bad Godesberg führte und mit dieser trampend bis nach Afrika vorstieß - als erster nach dem Krieg. Der geistige Hintergrund, der diese Aktivitäten und dann Lebenswege bestimmte, wird beleuchtet.

Von den Driesch, Karl: **Entwicklungen.** Fernweh und Großfahrten Bündischer Jugend in der Nachkriegszeit. Eine autobiographische Skizze. 134 Seiten mit über 60 Fotografien, kartoniert, ISBN 3-88778-200-3.